일터신앙 워크북
WORKING IN FAITH
WORKBOOK

저자 이효재

도서출판사 **TOBIA**

Working in Faith Workbook

일터신앙 워크북

1판 1쇄 : 2018년 12월 1일

저자 : 이효재
편집 : 강신덕
디자인 : 오인표
홍보/마케팅 : 김일권 지동혁
펴낸이 : 오세동
펴낸곳 : 도서출판 토비아
등록 : 426-93-00242
주소: 04041) 서울특별시 마포구 와우산로 73(홍익빌딩 4층)
　　　T 02-738-2082 F 02-738-2083

ISBN : 979-11-89299-05-7
책 값은 뒷 표지에 있습니다. 무단 전제와 복제를 금합니다.

일터신앙 워크북
WORKING IN FAITH
WORKBOOK

저자 이효재

도시출판사 **TOBIA**

들어가는 말
함께 여는 일터신앙

　이번에 발간된 『일터신앙 워크북』은 저자 이효재 목사가 쓴 책 『일터신앙』(서울: TOBIA, 2018)을 그리스도인들이 함께 공부하기 위한 가이드입니다. 독자들은 『일터신앙』을 한 주 한 장(챕터)씩 읽고 『일터신앙 워크북』의 가이드를 따라가면서 각자 살아가는 일터의 삶을 '소명'이라는 성경적 관점에서 재검토하고 일하는 지혜를 나누게 됩니다. 그리스도인들은 책을 통해 단순히 정보만을 습득하는데 그치지 않고 지식을 실천하는 지혜를 공동체적으로 얻습니다.

　『일터신앙 워크북』은 성경을 분석하고 지식을 터득하는 전통적인 성경공부 방식 대신 우리가 매일 일터에서 하고 있는 일에 대한 성경적인 가르침을 신학적 해석을 거쳐 일터에 적용하는 방식을 채택했습니다. 따라서 『일터신앙 워크북』은 지식 습득과 공유를 목적으로 하는 세미나가 아니라 성서적이고 신앙적인 지식을 일터 현실에 실제적으로 적용하고 일과 일터를 변화시키는 능력을 함양하기 위해 워크숍 형식으로 사용되도록 만들어졌습니다.

　독자들은 『일터신앙 워크북』의 질문들에 답하면서 각자의 일터 경험과 현실에 대한 풍성한 대화를 나누게 될 것입니다. 성경과 책의 내용을 파악하는 데 들어가는 시간/노력과 각자의 일터에 대해 이야기하는 데 들어가는 시간/노력이 적절한 균형을 이룰 때, 독자들은 『일터신앙』 책에서 배울 수 있는 일의 소명을 가장 효과적으로 터득할 수 있습니다.

원만한 진행을 위해서 워크숍 참가자들은 제한된 시간에 마쳐야 한다는 압박감 속에서 자유롭고 활발한 의견 나눔을 억제하기 보다는 시간적 여유를 가지고 각자 일터 경험을 적극적으로 나눌 수 있기를 바랍니다. 참가자들은 『일터신앙』과 『일터신앙 워크북』을 통해 일상의 일터에서 하는 일과 일터를 향한 하나님의 뜻을 발견하고 실제적인 변화를 경험하기 바랍니다.

『일터신앙 워크북』은 전체 일곱 장으로 구성돼 있습니다. 『일터신앙』 책은 '들으라', '사랑하라', '기도하라', '안식하라', '인내하라' 등의 다섯 가지의 주제를 넉 장에 걸쳐 다루고 있습니다. 『일터신앙 워크북』은 다섯 가지 주제를 한 장씩 다루면서 책의 프롤로그를 도입(제1장: 참된 일터를 향한 여정)으로, 에필로그를 마무리(제7장: 파송)로 별도의 장으로 구별해 다루고 있습니다.

도입은 일상과 신앙, 고달픈 일터, 교회와 일터, 『일터신앙』 책의 구성과 주제들, 기대 등 다섯 부분으로 이뤄져 있습니다. 각 부분마다 프롤로그를 바탕으로 재구성한 짤막한 글과 함께 읽고 토론하는 하나의 질문이 있습니다. 마무리는 변화된 일과 일터, 일과 신앙 그리고 교회, 축복과 나눔 그리고 파송, 교제하며 다음 단계 기획하기 등 네 부분으로 구성돼 그동안 배운 내용들을 종합합니다.

도입과 마무리를 제외한 2~6장의 각 장은 Name, Dream, Vision, Share, Practice 등 다섯 단계로 나누어 구성돼 있습니다. Name에서 참가자들은 각 장의 주제와 관련돼 각자의 일터 현실을 함께 진단합니다. Dream에서 참가자들은 2~3명씩 짝을 지어 하나님 나라의 관점에서 각자의 일터 현실을 재검토하고 예상되는 결과를 생각합니다. Vision에서 참가자들은 『일터신앙』의 중심 내용을 함께 공부하면서 이 내용을 기준으로 각자의 일터 경험을 나누고 토론합니다. Share에서 참가자들은 각 장의 마지막 부분의 성경적인 스토리를 분석하고 여기에 맞춰 자신들의 일터 경험을 분석합니다. Practice에서 참가자들은 오늘 배운 내용을 바탕으로 주제에 맞게 각자 일터에서 실천계획을 작성하고 나눕니다.

『일터신앙』 책은 지식 전달이 아니라 실천을 목적으로 저작되었습니다. 야고보서는

"너희는 말씀을 행하는 자가 되고 듣기만 하여 자신을 속이는 자가 되지 말라(야고보서 1:22)"고 말씀하고 있습니다. 이 구절에는 하나님의 말씀과 책을 통해서 깨달은 만큼 실천하지 않으면 자신을 속이는 자라는 경고의 메시지이며 실천을 독려하는 하나님의 마음이 담겨있습니다. 『일터신앙 워크북』은 『일터신앙』을 실천하기 위한 도구입니다. 독자 여러분들이 두 책을 활용해서 자신이 하는 일이 이웃을 사랑하라는 주님의 명령을 실천하는 가장 중요한 기회 가운데 하나라는 사실을 깨닫고 용기를 내어 소명으로 살아가시기를 바랍니다.

『일터신앙 워크북』이 나오기까지 수고해주신 터치바이블선교회와 도서출판 TOBIA 관계자들의 노고에 깊이 감사를 드립니다. 부디 한국 교회 그리스도인들이 두 책을 통해 일터에서 하나님께 영광을 올려드리기를 소원합니다.

2018년 11월

토비아 마당에서 이효재

contents

들어가는 말
함께 여는 일터신앙 04

Workshop 01
참된 일터를 향한 여정 09

Workshop 02
들으라 LISTEN 17

Workshop 03
사랑하라 LOVE 29

Workshop 04
기도하라 PRAY 41

Workshop 05
안식하라 REST 53

Workshop 06
인내하라 ENDURE 65

Workshop 07
파송 COMMISSION 77

Workshop Guide
일터신앙 워크북 인도자 가이드 83

Workshop 01

일터신앙 워크북
참된 일터를 향한 여정

일터신앙 워크숍 1

참된 일터를 향한 여정

01 일상과 신앙

> 그가 우리를 대신하여 자신을 주심은 모든 불법에서 우리를 속량하시고 우리를 깨끗하게 하사 선한 일을 열심히 하는 자기 백성이 되게 하려 하심이라.
> **디도서 2장 14절**

어떤 사람들은 기독교 신앙을 예배나 신앙 활동 혹은 봉사 활동 등 주로 주말에 교회에서 발생하는 특별한 것으로 제한합니다. 혹은 신앙이란 것을 '내' 죄를 용서하시고 구원하시는 하나님의 사랑에 대한 개인적 응답과 고백의 차원으로만 생각합니다. 그런데 참 신앙이란 그렇지 않습니다. 예수님을 믿는 신앙은 개인의 영역과 주말의 영역 뿐 아니라 한 주간 일상의 모든 부분들에서 발생하는 것입니다.

예수님께서 십자가에서 흘리신 피는 우리 삶이 닿는 모든 순간과 장소에 뿌려졌습니다. 악한 세상을 선한 세상으로 만들려는 하나님의 뜻이 예수님의 희생에 담겨있습니다. 지루할 정도로 반복되는 일상의 평범하고 일시적인 모든 것들은 예수님을 믿는 신앙이 포괄하는 범위입니다.

신앙으로 바라보는 일상은 더 이상 지루하지 않습니다. 신앙으로 조명되는 일상은 더 이상 건조하고 평범하거나 일시적이어서 무의미하지도 않습니다. 일상에 담긴 하나님의 뜻을 이해하면 그 일상은 반짝반짝 빛이 납니다. 우리들이 살아가는 한 주간의 삶 중심을 차지하는 일터에서도 신앙의 관점으로 살아가면 일하는 목적과 과정과 평가가 달라집니다.

토론

반복되고 지속되는 일상에서 신앙이 중심을 차지하고 있습니까? 일상을 예수님의 십자가 신앙으로 살아가고 있습니까? 일상에서 신앙의 기쁨을 발견한 경험이 있습니까? 함께 나누어봅시다.

02 고달픈 일터

> 사람이 해 아래에서 행하는 모든 수고와 마음에 애쓰는 것이 무슨 소득이 있으랴? 일평생에 근심하며 수고하는 것이 슬픔뿐이라 그의 마음이 밤에도 쉬지 못하나니 이것도 헛되도다 **전도서 2장 22~23절**

그런데 우리 일터의 일상은 어떤가요? 많은 직장인들에게 월요일부터 금요일까지 혹은 토요일이나 주일까지 출근하는 일터는 성취와 즐거움도 있지만 무한 경쟁과 스트레스가 많은 곳입니다. 흡사 살기 위해 치르는 전쟁터 같은 곳으로 보이기도 합니다. 일터는 내가 살기 위해 남을 죽여야 하는 잔인한 세상으로 변한지 오래입니다.

일터는 우리가 생존하기 위해 돈을 버는 곳입니다. 그런데 우리가 일터에 나가는 이유가 이것밖에 없을까요? 아니, 돈 벌기 위해서만 우리는 일터에 나가는 것일까요? 일터에는 하나님이 안 계실까요? 우리는 왜 월요일 아침에 출근할 생각하면서 주일 저녁 마음이 무거워져야 할까요? 언제 퇴출될지 모르는 상황에서 그저 오래 버티면 최고일까요? 이런 질문들을 떠올리게 하는 일터에서 우리는 영적인 의미를 찾기가 쉽지 않습니다.

현실에 치이며 근근이 살아가는 일터에서 보다 나은 가치를 위한 부르심의 소리를 듣기는 어려운 일입니다. 일터에서 기도하기는 더욱 어렵습니다. 일터에서 만나는 많은 인간관계들을 사랑으로 대하는 일은 참으로 어렵습니다. 일과 쉼의 균형을 찾는 것은 면도날 위에 서 있는 것처럼 아슬아슬합니다. 경쟁에 익숙해진 우리 일터는 귀를 닫고 입을 닫고 마음을 닫은 채 우리 몸과 마음, 영혼의 호소를 외면하고 서로를 채근하며 재촉하기만 하는 삭막한 현장이 되어가고 있습니다. 일터에도 소소한 재미와 즐거움이 있지만 곧 연기처럼 증발해버립니다.

일터의 이런 각박한 현실을 살다보면 그리스도인으로서 영적, 윤리적 판단력이 흐려집니다. 하나님의 말씀과 대립하고 갈등할 만한 상황이 찾아오면 당황스러워 집니다. 그렇게 되면 그리스도인으로서 최선이 아니라 차선 혹은 차악을 선택하는 상황으로 흐르게 되고 결국 죄를 짓고는 죄책감에 시달리거나 죄를 짓고도 아예 무감각해질 수 있습니다. 영적 감수성이 떨어지면 죄에 무뎌집니다. 죄에 무뎌지면 쉽게 죄의 유혹에 넘어갑니다. 그래서 우리는 교회에서 열심인 사람들 가운데 일터에서 서슴없이 죄를 짓는 사람들도 봅니다. 그리스도인으로서 자기를 잃은 채 하루를 살고 그렇게 일터를 떠날 때면 허무하다는 느낌만 밀려옵니다.

토론
우리의 일터는 우리에게 힘과 격려와 기쁨이 되고 있습니까? 아니면 우리의 일터는 지치고 슬픈 일들로만 가득 차 있습니까?

03 교회와 일터

> 부르심을 받은 일에 합당하게 행하라 에베소서 4장 1절

　세상은 점점 더 돈과 쾌락과 권력이 좌우하는 세속 정신의 나락으로 떨어지고 있습니다. 이 세상을 주관하고 통치하려는 하늘의 악한 영인 '정사와 권세'는 일터를 이 세속 정신으로 더욱 깊이 끌어들이고 있습니다. 그러나 세계는 여전히 하나님의 통치 아래 있습니다. 일터신앙인은 그것을 확신하며 교회로부터 일터로 나아가야 합니다. 그렇게 될 때 일터신앙인에게 일터는 영적 전쟁터와 다름없습니다.

　그래서 그리스도인에게 교회는 무엇보다 중요합니다. 일터신앙인에게도 역시 교회 공동체는 중요합니다. 일터신앙인은 교회로부터 세상 일터에서 무엇을 하며 어떻게 살아가야 하는지에 관한 아이디어와 삶의 기준 및 방법들을 배우고 또 그 문제와 결실들을 나눌 수 있어야 합니다. 교회는 일터신앙인을 위하여 위로와 격려의 그룹들을 만들고, 보냄 받은 신앙인으로서 견실하게 일터를 일굴 수 있도록 아이디어와 지침과 방법을 일러줄 줄 알아야 합니다.

　이렇게 될 때 교회는 일터신앙인에게 삶의 중심 기점과 같은 곳이 됩니다. 아무리 일터가 바빠도 교회를 소홀히 하지 않습니다. 오히려 교회를 중심으로 일터에서 살아갑니다. 일터신앙인은 교회 공동체의 지원과 격려를 얻고 파송을 받아 세상을 다시 하나님 창조 세계로 회복시키는 일에 헌신합니다. 그리고 땀 흘리며 얻은 결실을 가지고 교회로 다시 돌아옵니다.

　성경은 우리에게 부르심에 합당하게 살라고 가르치고 있습니다. 이 말씀을 따라 일터신앙인은 교회와 일터 사이를 오가며 자신을 일터로 부르신 하나님의 뜻을 발견하기 위해 노력합니다. 그리고 그 뜻에 따라 살고 싶은 소망이 생깁니다. 이 소망은 하나님의

부르심이 구체화되도록 지혜를 얻는 기도로 연결됩니다. 기도하는 일터신앙인은 놀라운 결과를 냅니다.

토론

교회나 신우회와 같은 믿음의 공동체에서 일터에서 벌어지는 일을 주제로 고민을 나누거나 위로를 받거나 혹은 신앙인으로서 바른 분별과 실천을 공부한 경험이 있습니까?

04 『일터신앙』 책의 구성과 주제들

> 하나님의 은사와 부르심에는 후회하심이 없느니라 **로마서 11장 29절**

『일터신앙』은 믿음의 공동체에서 일터 그리스도인들이 함께 모여 공부하고 서로 경험과 의견을 교환하며 지혜를 나누고 격려하는 데 도움이 되는 자료입니다. 우리를 신실한 일터 사역자가 되게 하시는 하나님의 부르심과 그 부르심을 실천하도록 주시는 은사는 철회될 수 없습니다. 이 책은 그리스도인들이 자신을 향한 부르심과 은사를 생각할 수 있도록 구성되어 있습니다.

첫째 장은 우리가 일터에서 하는 일이 하나님의 소명이라는 점을 강조합니다. 하나님은 우리를 하나님 닮은 대리 통치자로 창조하셔서 피조물들의 생명이 생육하고 번성하여 땅에 충만할 수 있게 돕도록 일하라고 하셨습니다. 이러한 하나님의 소명을 발견하려면 성경과 예배를 통해 들려주시는 하나님의 말씀을 깊이 들어야 합니다.

둘째 장은 '우리 일의 본질은 사랑이다'는 주제를 다룹니다. 사랑은 하나님이 예수님의 십자가에서 가장 명확하게 보여주신 아가페입니다. 아가페 사랑에는 정의, 공의, 자비 등의 측면을 담고 있습니다. 그리스도인은 일터에서 일하면서 이러한 사랑을 실천해야 소명에 부응할 수 있습니다.

셋째 장은 일터 영성을 다루고 있는데 기도와 안식 두 가지 주제를 담고 있습니다. 우리가 일터에서 하나님의 뜻에 따라 그리스도의 사랑을 실천하며 살려면 성령 하나님의 도움이 절실합니다. 우리는 일터에서 기도하면서 성령과 동행해야 합니다. 그러나 성경은 일만 강조하지 않습니다. 일이 진정한 하나님의 소명으로 실천되려면 일을 주기적으로 떠나 하나님을 예배해야 합니다. 우리 삶의 목적은 일 자체가 아니라 하나님 안에서 안식하는 것입니다. 일은 안식을 위한 것이지, 그 반대가 아닙니다. 『일터신앙 워크북』에서는 기도와 안식을 별도로 분리해 공부합니다.

넷째 장은 종말론적 소망으로 인내하며 소명을 따라가는 삶이라는 주제를 다룹니다. 소명은 결과가 아니라 과정입니다. 하나님이 각자에게 주신 소명은 연륜이 쌓여감에 따라 더욱 명확해지는 법입니다. 그 과정에서 우리는 적잖은 실수와 죄를 범합니다. 어쩔 수 없는 상황도 있습니다. 하나님은 타협을 부정하지 않습니다. 하지만 하나님이 주신 소명을 이루기 위해서는 함부로 하나님께서 보내신 자리를 떠나지 않고 오래 참고 하나님께서 합력하여 선을 이루시기를 기대해야 합니다.

토론
『일터신앙』이 다루는 '듣고, 사랑하고, 기도하며, 안식하고, 인내하라'는 다섯 가지 주제 동사들이 지금 여러분이 일터에서 일하는 자세와 어느 정도 어울립니까?

05 기대

> 하나님을 경외하는 것이 지식의 근본이라 잠언 1장 7절

일터신앙인은 자신의 일터에서 하나님을 경외하는 마음으로 일하도록 부르심을 받았습니다. 일터는 살벌한 전쟁터이지만 그곳에서 우리를 축복하시는 하나님을 만나고 경험하는 곳입니다. 일터는 우리의 생활터전 이전에 하나님의 축복의 현장입니다. 이곳에서 일하면서 우리는 하나님을 만나고 하나님을 경외하는 신앙을 삶으로 배웁니다. 하나님께서는 이 일이 가능하도록 일터신앙인들을 각자 일터의 선교사로 파송하십니다.

성서는 일터신앙인의 신실한 삶에 대하여 확고하게 이야기합니다. "각자의 일터에서 성서적으로 생각하고, 성서적으로 행동하고, 성서적으로 일하라." 이것이 『일터신앙』과 『일터신앙 워크북』이 꿈꾸는 비전입니다. 이 책의 이야기를 함께 나눈 일터신앙인들에게 각자 일터에서 일하는 기쁨으로 슬픔을 압도하고, 감사로 불만을 감싸고, 진리로 불의를 이기는 경험이 이어지기를 바랍니다.

여러분은 『일터신앙』 책을 한 장씩 읽고 『일터신앙 워크북』으로 공부하게 됩니다. 이 공부는 기존의 성경공부와 상당히 다릅니다. 기존의 성경공부가 성경 내용 파악에 중점을 두었다면, 이 공부는 실제 일터의 디테일한 경험들을 벽돌 삼아, 성경 말씀이라는

골조에 따라 집을 쌓아가는 방식으로 이뤄집니다. 이는 매일 살아가는 일터라는 배경 속에서 성경 말씀을 해석하고 이해하려는 노력입니다. 일과 신앙이 별도의 영역이 아니라 하나라는 사실을 발견하고 그렇게 살아가려는 시도입니다. 각 장을 공부하면서 깨달음의 기쁨과 감사의 은혜가 충만하시기를 바랍니다.

토론
이 책을 공부하면서 무엇을 얻고 무엇을 깨닫기를 기대하십니까? 함께 나눠봅시다.

다음 워크숍을 위해

1. 나의 일상과 일터에 중대한 변화가 일어나기를 위해 기도합시다.
2. 매일 성경을 읽는 습관을 훈련해 봅시다.
3. 다음 모임을 위해 『일터신앙』 1장 '들으라'를 읽고 기도하며 나의 일상을 돌아봅시다.

Workshop 02

일터신앙 워크북
LISTEN
들으라

일터신앙 워크숍2

Listen 들으라

준비
1. 서로 인사하고 오늘까지의 삶을 간단하게 나눕니다.
2. 찬양하면서 깊고 의미 있는 말씀공부로 들어갑니다.
3. 다함께 기도하며 공부를 시작합니다.

I. Name 나의 일터를 말한다!

① 당신은 무엇을 위해 일하고 있습니까? 지금 일하는 이유 혹은 목적 세 가지를 적어 봅시다.

1.
2.
3.

② 이제 '나의 일하는 이유'를 하나님의 뜻이라는 관점에서 생각해 보고 우선순위별로 다시 정리해 봅시다. 바뀌는 우선순위나 첨삭되는 항목이 있는지 살피고 바뀐 것에 대해 함께 나누어 봅시다.

1.
2.
3.

II. Dream 일하며 소망하는 것들

위에서 나눈 두 가지 질문에 대해 답한 대로 일하며 살면 그 일터를 떠날 때쯤 어떤 마음이 들고 어떤 결과를 얻을지 생각해봅시다. 그리고 두 명씩 짝을 지어 서로의 의견을 나누어 봅시다.

질문	예상되는 마음과 결과
질문1 내 관점으로 생각해 본 '나의 일하는 이유'	일터를 떠날 때 예상되는 마음과 결과
	토론 파트너의 피드백
질문2 하나님의 뜻으로 생각해 본 '나의 일하는 이유'	일터를 떠날 때 예상되는 마음과 결과
	토론 파트너의 피드백

III. Vsion | 성경이 들려주는 하나님의 부르심

01 나는 누구인가?

> 하나님이 이르시되 우리의 (   )을 따라 우리의 모양대로 우리가 사람을 만들고 그들로 바다의 물고기와 하늘의 새와 가축과 온 땅과 땅에 기는 모든 것을 다스리게 하자 하시고 하나님이 자기 (   ) 곧 하나님의 (   )대로 사람을 창조하시되 남자와 여자를 창조하시고 **창세기 1장 26~27절**

① 창세기 1장 26~27절 말씀을 찾아 읽고 괄호들 안에 들어갈 한 단어를 찾아 적어 구절을 완성하십시오.

② 우리가 '하나님의 형상'이라는 말은 무슨 뜻일까요? 『일터신앙』 46~47쪽을 참고하여 아래 빈 칸을 채워 봅시다.

- '하나님의 형상'의 의미를 (   )측면에서 해석한다.

- 우리는 하나님의 (   )이다.

- 우리는 하나님으로부터 (   )권리를 위탁받았다.

- "인간이 '하나님의 형상'으로 창조되었다는 사실은 인간이 창조주 하나님 되신 (   ) 존재임을 의미한다."

- "우리 인간은 (   )가 하고 싶은 일이 아니라 (   )이 하고 싶은 일을 하도록 창조되었다."

- 가장 완전한 '하나님의 형상'을 보이신 분은 누구인가?
  골로새서 1장 15절과 히브리서 1장 2~3절을 참고해 적어보자. (   )

02 일하라는 소명

> 하나님이 그들에게 복을 주시며 하나님이 그들에게 이르시되…바다의 물고기와 하늘의 새와 땅에 움직이는 모든 생물을 다스리라 하시니라 **창세기 1장 28절**
>
> 여호와 하나님이 그 사람을 이끌어 에덴동산에 두어 그것을 경작하며 지키게 하시고 **창세기 2장 15절**

① 하나님께서는 창조하신 세계를 하나님 대신 관리하는 일을 위해 사람을 창조하셨습니다. 그래서 창조된 사람의 주된 일은 하나님께서 주신 사명, 하나님의 부르심입니다.
하나님이 처음 창조하신 사람에게 주신 일과 관련된 세 가지 명령(동사)을 적어봅시다.

첫 번째 명령:

두 번째 명령:

세 번째 명령:

② 위의 세 가지 명령은 하나님이 인간에게 주신 노동(일) 소명의 핵심적 내용입니다. 동사 형태로 주신 세 가지 명령의 의미가 무엇인지 아래 『일터신앙』의 각 페이지들을 함께 읽고 적절한 답을 서로 나누어 봅시다.

첫 번째 명령 (『일터신앙』 51~52쪽 참조: 고든 웬함과 미카엘 벨커의 해석 참조) :

두 번째 명령 (『일터신앙』 54쪽 두 번째 문단 참조) :

세 번째 명령 (『일터신앙』 55쪽 두 번째 문단 참조) :

③ 첫 사람 아담은 에덴동산에서 하나님으로부터 받은 세 가지 명령에 따라 어떤 일을 했을까요? 창세기 2장의 내용을 살펴보며 적어보십시오.

첫 번째 명령에 맞는 아담의 일

두 번째 명령에 맞는 아담의 일

세 번째 명령에 맞는 아담의 일

03 일하는 목적

> 생육하고 번성하여 땅에 충만하라 창세기 1장 28절

① 우리가 일하는 목적에 관하여 『일터신앙』 56쪽 두 번째 문단을 참조하여 아래 빈 칸을 채워 봅시다.

"하나님이 우리에게 소명으로 주신 일은 궁극적으로 (   )이라는 하나님의 창조 목적을 추구한다.···인간의 일은 하나님이 창조하신 '보기 좋은' 세상을 생명으로 가득 찬 곳으로 만들려는 하나님의 뜻이 이뤄지도록 협력하는 것이다."

② 우리가 일하는 의미에 관하여 『일터신앙』 56쪽 세 번째 문단을 참조하여 아래 빈 칸을 채워 봅시다.

"우리의 일은 (   )라는 본질적인 의미를 가진다. 내가 일해서 나 자신뿐 아니라 (   )의 생명을 번성케 할 때, 나의 일은 가장 만족스럽고 거룩해진다. 나의 일은 나 자신뿐 아니라 (   )에게 유익이 될 때 보람과 기쁨이 된다."

③ 하나님의 부르심에 비추어 우리가 지금 하고 있는 일이 다른 사람들과 피조물에 어떤 (선하거나 혹은 악한) 영향을 끼치고 있는지 생각해 봅시다.

04 노동(일)은 하나님의 소명

① 우리 일상의 노동에서 하나님의 소명을 듣는 일은 중요합니다. 우리가 일하면서 하나님의 소명을 들으려면 어떤 노력이 필요할까요? 『일터신앙』 64쪽 세 번째 문단을 참조하여 괄호를 채워봅시다.

"노동이 하나님의 소명이라고 믿는다면, 그리스도인들은 '다스리라, 경작하라, 지키라'는 하나님의 말씀을 듣고 그 뜻과 목적을 분명히 이해하고 자기 일에 적용하기 위해 노력해야 한다. 우리는 교회에서 드리는 (   )를 통해, 개인적인 (   )과 (   )를 통해, (   )를 통해 하나님이 우리의 일에서 바라시는 것이 무엇인지 들어야 한다."

② 루터는 우리의 일을 "하나님의 가면"이라고 설교했습니다. 그 이유는 무엇입니까? 70쪽의 설교 인용문을 함께 읽어보십시오. 『일터신앙』 69~70쪽을 참조하여 생각해봅시다.

"루터는 우리가 각자의 일터에서 하는 일이 세상을 향한 하나님의 일이라고 말했다. **하나님은 이 세상을 축복하시는데 직접 나서시는 것이 아니라 우리가 하는 일을 통해서 간접적으로 하신다는 뜻이다.** 루터는 우리가 하는 일이 이웃을 섬기는 것이라면, 영적인 일이든 육체적인 일이든 하나님의 소명에 충실한 일이라고 강조했다. 그는 우리 모두가 세상에서 하는 일을 하나님이 우리의 가면을 쓰고 하시는 일이라고 설교하기도 했다."

IV. Share 성경이 들려주는 하나님의 부르심

귀스타브 도레 "요셉이 바로의 꿈을 해석하다"(창41:25~26)

창세기 39~50장에 등장하는 요셉의 이야기는 오히려 하나님의 소명에 따라 일한 하나님의 백성의 승리 스토리입니다. 요셉의 이야기는 하나님께서 타락한 세상 어디에서든 '하나님의 형상'으로 살아가려 하는 당신의 사람을 하나님께서 어떻게 사용하시는지 잘 보여줍니다. 요셉은 야곱의 열한 번째 아들이었습니다. 그런데 그의 형제들이 그를 시기하여 애굽의 노예로 팔아버렸습니다. 그러나 그는 주어진 상황을 원망하거나 좌절하지 않았습니다.

그는 항상 하나님의 말씀을 듣고 그 뜻에 순종하는 일에 신실했습니다. 보디발의 집안 총무로 일할 때나 혹은 감옥에서 죄수의 신분으로 관리자로 일할 때, 그리고 바로 왕궁의 총리대신으로 일할 때에도 항상 자신의 능력이 아니라 하나님의 말씀에 순종하며 그 뜻을 따라 일했습니다. 하나님은 요셉이 가는 곳마다 함께 계셔서 그가 하는 일마다 형통하게 하셨습니다. 그러나 요셉은 언제나 높은 자리에 올라가거나 많은 재산을 모으려는 마음을 갖지 않았습니다. 요셉은 집안이든, 감옥이든, 나라든 그것을 다스리는 일 자체를 충실하게 수행했고, 어디서든지 부지런히 일해 곳곳에서 풍성한 열매를 맺었으며, 악으로부터 자신과 자신의 일터를 지켜냈습니다. 또한 그는 7년 동안의 대가뭄에 애굽 백성들과 가나안의 사람들 나아가 자기 아버지 야곱의 모든 가족들에게 조차 먹을 것을 공급함으로써 하나님께서 창조하신 세상 모든 사람들과 피조물들의 생명을 보호했습니다. '하나님의 형상' 요셉이 하나님의 말씀을 듣고 소명으로 일함으로써 "이스라엘 족속이 애굽 고센 땅에 거주하며 거기서 생업을 얻어 생육하고 번성"할 수 있었습니다(창 47:27). 요셉은 생육하고 번성하라는 창조주 하나님의 명령에 순종한 '하나님의 형상'이었습니다.

이제, 요셉 스토리에서 다음의 네 가지를 분류하고 여러분 각자의 스토리를 관계 지어 보세요.

	요셉 스토리	내 스토리
나는 누구인가요?		
어떻게 일을 하게 되었습니까?		
어떻게 하나님 말씀을 들었습니까?		
하나님의 말씀에 따라 일한 결과는 무엇입니까?		

V. Practice 우리의 소명 실천

지금까지 배운 것들을 바탕으로 각자 하는 일들을 하나님의 소명의 관점에서 재정립해봅시다. 그리고 함께 나눠봅시다. 아래의 질문에 대답하면서 예시한 소명문을 참고해 각자의 소명문을 작성하고 함께 나눠봅시다.

소명 분별을 위한 질문	소명으로 받은 일을 구체적으로 확인하기
나는 누구인가요?	
내가 지금 하는 일은?	
하나님께서 소명으로 주신 내 일의 핵심 내용은?	
소명의 일터에서 해야 할 일들의 세부 지침들	

예) 식당을 운영하는 자영업자로서

　　나는 하나님의 형상으로서 좋은 음식을 만들어 제공하여
　　손님들의 건강과 행복에 기여하라는 소명을 받았다.
　　나는 식당 자영업자로서 하나님의 소명을 실천하기 위해

1) 신선하고 안전한 재료만을 사용하여 조리한다.
2) 공인기관의 식품 안전 지침을 엄격하게 지킨다.
3) 즐거운 마음으로 손님을 서빙한다.
4) 최대한 저렴한 가격으로 판매한다.
5) 주방과 홀과 창고를 청결하게 관리한다.
6) 영업 시작 전과 영업 마감 후에 기도로 준비하고 감사한다.

다음 워크숍을 위해

1. 소명을 듣기 위해 늘 기도하며 하늘을 향해 마음과 귀를 열고 살아갑시다.
2. 신실하게 주일을 지키며 예배하는 삶을 세우기로 결단해 봅시다.
3. 다음 모임을 위해 『일터신앙』 '2장 사랑하라'를 읽고 기도하며 나의 일상을 돌아봅시다..

Workshop 03

일터신앙 워크북
LOVE
사랑하라

일터신앙 워크숍3

Love 사랑하라

준비
1. 서로 인사하고 오늘까지의 삶을 간단하게 나눕니다.
2. 찬양하면서 깊고 의미 있는 말씀공부로 들어갑니다.
3. 다함께 기도하며 공부를 시작합니다.

I. Name 행복한 일들

잠시 내가 일터에서 매일 하고 있는 일들에 대해 생각해 봅시다. 그리고 아래 생각과 토론 활동에 참여해 봅시다.

① 지금 일터에서 하고 있는 일 가운데 '나'를 행복하게 하는 것들을 적어봅시다.

①
②
③

② 지금 일터에서 하고 있는 일 가운데 '나와 모두'를 행복하게 하는 것들을 적어봅시다.

①
②
③

II. Dream — 우리 모두에게 복된 일

위에서 나눈 두 가지 질문과 답변들을 보면서 각각의 답들이 우리 삶과 일터에 어떤 결과를 가져올지에 대해 다시 생각해 봅시다. 두 명씩 짝을 지어 서로의 의견을 나누어 봅시다.

질문	예상되는 마음과 결과
질문1 내 관점으로 생각해 본 '나를 행복하게 하는 것'	예상되는 마음과 결과 토론 파트너의 피드백
질문2 하나님의 뜻으로 생각해 본 '우리를 행복하게 하는 것'	예상되는 마음과 결과 토론 파트너의 피드백

III. Vsion — 성경이 말하는 일의 목적

01 그리스도의 제자로 산다는 것

> 누구든지 나를 따라오려거든 자기를 부인하고 자기 십자가를 지고 나를 따르라 **마가복음 8장 34절**

① 예수 그리스도의 제자는 누구를 위해 존재하는 사람인가요? 『일터신앙』 90쪽 세 번째 문단을 참조하여 아래 빈 칸을 채워 보고 왜 그렇게 살아야 하는지 이야기를 나누어 봅시다.

그리스도의 제자는 그리스도처럼 자신이 아니라 (　　　　)를 위해 존재하는 사람이다.

② 그리스도인이 일터에서 제자로 살아가는 이유는 무엇입니까? 『일터신앙』 91쪽을 참조하여 아래 빈칸을 채워 봅시다.

- 그리스도인은 (　　　　)을 가지고 (　　　　)에서 살아가는 사람이다 (빌립보서 3:20).

- 그리스도인은 세상에 흩어져 살아가는 (　　　　)이다 (베드로전서 1:1).

- 제자는 (　　　　)을 위해 보냄을 받았다 (요한복음 3:16).

- 제자는 일터를 포함한 이 세상의 통치자가 (　　　　)가 아니라 (　　　　) 이라는 혁명적 사실을 증언하도록 부르심을 받았다.

- 그리스도의 제자는 일터를 향한 하나님의 구원 실천 계획을 실행하는 지상의 대리인이다.

02 제자에게 주어진 사명

> 새 계명을 너희에게 주노니 서로 사랑하라. 내가 너희를 사랑한 것 같이 너희도 서로 사랑하라 **요한복음 13장 34절**

① 『일터신앙』 94~95쪽이 말하는 것처럼 예수님을 따르는 제자들은 서로 사랑하라는 계명을 지켜야 합니다. 그런데 이 사랑은 어떤 사랑이었습니까? 아래 발췌문을 읽어 보고 함께 이야기 나누어 봅시다.

"예수님이 제자들에게 요구한 사랑은 자기 자신을 낮춰 제자들의 발을 씻어주고 십자가에서 자신을 내어주었던 것 같이 이웃을 위해 자신을 내어주며 섬기는 십자가 길이다…예수님은 세족식을 통해 그들의 죄를 심판하려는 마음이 아니라 그들의 죄를 덮어버리는 사랑을 미리 계시하셨다. 단순한 겸손의 미덕이 아니었다. 비록 자신을 배신하더라도 자기 몸을 던져 상대가 다시 돌아올 수 있도록 사랑하라는 모범을 보여주셨다. 예수님이 보여주신 사랑은 이러한 아가페 사랑이었다."

② 아래 『일터신앙』 96쪽의 한 부분을 읽어 봅시다. "서로 사랑하라"는 새 명령에서 "서로"는 어떤 의미를 가지고 있습니까?

"사랑의 주체인 내 앞에 존재하는 '너'는 나의 사랑을 요청한다. 예수님이 자기 앞에 오는 모든 사람들을 사랑하셨듯이, 우리도 우리 앞에 있는 사람들을 사랑하라는 뜻이다. 그렇다면 이 계명은 구태여 교회 안에서만 폐쇄적으로 적용되어서는 안 된다. 그리스도의 제자들이 존재하는 모든 현장에 적용되어야 한다. 일터에서 만나는 '너'는 내가 사랑할 '너'이다."

③ 성경이 말하는 아가페 사랑은 대표적으로 세 가지의 모습으로 표현됩니다. 『일터신앙』 101쪽 두 번째와 네 번째 문단을 참조하여 그 세 가지를 적어보기 바랍니다.

1.
2.
3.

03 사랑은 정의(justice)다

① 아모스서 8장 4~8절을 읽어 봅시다. 본문에서 강조하는 하나님의 성품은 무엇입니까?

② 『일터신앙』 102쪽 첫 번째 문단을 참조하여 아래 빈 칸을 찾아 적어봅시다.

　-정의는 "일반적으로 어떤 사람이 (　　　　　　　　　　) 행위"를 의미한다.

　-정의는 두 가지 가치가 있는데 "인간으로서 보장 받아야 하는 (　　　) 가치와 그 사
　　람이 처한 고유한 환경과 능력에 따라 인정받는 (　　　) 가치를 가지고 있다.

③ 『일터신앙』 104쪽 두 번째 문단을 참조하여 아래 빈 칸을 채워 봅시다. 그리고 정의와 사랑
의 관계에 대해 생각을 나누어 봅시다.

　"그리스도의 제자들은 일터에서 정의를 실현함으로써 자기보다 낮은 위치에 있는 사
　　람을 (　　　　　)해야 한다."

④ 우리가 일터에서 어떻게 정의로운 사랑을 실천할 수 있을지 아모스서 8장 4~8절의 가르침
을 중심으로 나누어 봅시다.

04 사랑은 공의(righteousness)다

① 요한복음 21장 15~17절을 읽어 봅시다. 본문에서 드러나는 예수님의 성품은 무엇입니까?

② 『일터신앙』 107쪽 첫 번째 문단을 참조하여 아래 빈칸을 채워 봅시다.

　"(　　　)는 옳고 그름을 구별하는 법정적 개념을 훨씬 뛰어넘어 상대가 옳은 길을 걸
　　어갈 수 있도록 도와주는 사랑이다."

③ 아래 『일터신앙』 109쪽 두 번째 문단의 첫 문장을 함께 읽어 봅시다. 그리고 사랑이 공의가

되도록 실천하는 방법을 서로 이야기해 봅시다.

"공의는 정의를 간과하지 않지만 정의를 실천할 수 있도록 시간을 벌어주고 기회를 주는 사랑이다."

④ 우리는 일터에서 어떻게 공의로운 사랑을 실천할 수 있습니까? 자신의 경험이나 『일터신앙』 110~111쪽의 사라의 예를 생각하며 서로 이야기를 나누어 봅시다.

05 사랑은 자비(mercy)다

① 추수 관련 규례들이 등장하는 레위기 19장 9~10절, 신명기 24장 19~21절을 함께 읽어 봅시다. 본문들에서 드러나는 하나님의 성품은 무엇입니까?

② 『일터신앙』 111쪽 두 번째 문단을 참조하여 아래 문장을 읽고 빈 칸을 채워 봅시다.

"(   )의 사랑은 모든 사람이 인간으로서 보편적으로 가지고 있는 가장 근본적인 가치와 권리를 누리도록 배려하는 것이다."

③ 『일터신앙』 114쪽 마지막 문단에서 발췌한 문장을 읽어 보고 어떤 의미에서 자비가 사랑의 실천인지 개념을 정리하고 나누어 봅시다.

"그리스도의 제자들은 일터에서 자기 주변에 도움을 필요로 하는 사람이 있는지 면밀히 살펴야 한다. 또한 우리가 일해서 버는 돈은 자신과 자기 가족만을 위한 것이 아니라 주변의 가난하고 어려운 사람들을 돌보기 위해서라는 사실을 잊지 말아야 한다."

④ 우리가 일터에서 어떻게 자비의 사랑을 실천할 수 있을지 자기의 경험이나 『일터신앙』 115쪽에 나와 있는 성심당의 예를 생각하며 함께 이야기를 나누어 봅시다.

IV. Share 룻과 보아스 이야기

룻기 1~4장에는 이방 땅 모압에서 인생의 고난과 기근을 피해 베들레헴 고향으로 돌아온 나오미와 그 며느리 룻의 이야기가 등장합니다. 그들은 고향에 돌아왔지만 먹고 살 길이 막막했습니다. 특히 며느리 룻은 나이 든 시어머니를 봉양해야 하는 의무가 있었습니다. 그러나 여자이고 게다가 과부인 그가 그 땅에서 할 수 있는 일은 그다지 많지 않았습니다. 결국 룻은 시어머니와 먹고 살기 위해 당시 이스라엘의 율법이 제시한 '이삭줍기' 노동에 나섭니다. 땅이 없는 가난한 이스라엘 백성들을 위해 자영농민들은 추수할 때 논밭에 떨어진 이삭을 줍지 않았습니다. 때로 그들은 가난한 이들을 위해 일부러 추수한 이삭의 일부를 떨어뜨리기도 했습니다.

귀스타브 도레 "나오미와 며느리들" (룻1:16)

떨어진 이삭은 가난한 이웃들의 몫이었습니다. 룻은 보아스의 보리밭에 들어가 이삭줍기를 했습니다. 보아스는 룻의 소문을 들어 그녀의 성품을 알고 있었습니다. 보아스는 룻이 율법에 보장된 정당한 이삭줍기 노동을 할 수 있도록 보호해주었을 뿐만 아니라, 룻을 위해 일부러 이삭을 흘려주기도 했습니다. 보아스는 가난한 룻과 그 시어머니 나오미를 위해 자신이 거두어들인 소득의 일부를 기꺼이 나눌 줄 알았습니다. 나오미는 보아스가 베푼 자비의 형편을 알고 스스로 사랑의 계략을 모색하여 룻을 보아스에게 시집을 보내는데 성공했습니다. 룻은 보아스와 사이에서 아들 오벳을 낳았는데, 오벳은 이새의 아버지이자 다윗 왕의 할아버지가 되었습니다. 하나님은 다윗을 통해 이스라엘을 통치하고 예수님의 혈통이 이어지게 하셨습니다. 보아스는 그들의 노동과 사랑으로 하나님의 구원 사역에 동참하는 영광을 얻었습니다.

보아스의 보리밭에서 일어난 사랑 실천의 이야기를 정리해 보고 우리 일터에서 시도했거나 시도하고 있는 하나님 사랑 실천의 이야기를 적어봅시다.

	보아스 스토리	내 스토리
정의로운 사랑		
공의로운 사랑		
자비로운 사랑		
사랑의 결과		

V. Practice | 어떻게 사랑을 실천할까?

내가 지금 하고 있는 일에서 어떻게 가깝거나 먼 이웃들에게 직접적 혹은 간접적으로 사랑을 실천할지 아래의 질문에 대답하면서 정리해봅시다. 자신의 대답을 토대로 아래의 예를 참고하여 사랑 실천 계획문을 작성해 함께 나눠봅시다. 실천 계획문은 자신이 하는 일의 소명을 한 문장으로 정리하고, 그에 따른 실천계획 지침들로 구성되어야 합니다.

사랑 분별을 위한 질문	내 일터에서 실천할 사랑
내가 지금 하는 일은?	
내가 나의 일에서 실천할(하고 있는) 사랑 계획은?	
사랑 실천을 위한 구체적인 세부 지침들	

예) 식당 자영업자의 경우,

　　나는 예수 그리스도의 제자로서 식당을 찾아오는 손님들에게 최선을 다 해 음식과 서빙으로 이웃 사랑을 실천한다.

　　나는 사랑을 실천하기 위해
　　　1) 재료의 원산지를 정확하게 공지하고 조리 과정을 최대한 공개한다.
　　　2) 조리와 서빙 실력과 아이디어 개발을 위한 자신과 종업원을 재교육에 투자한다.
　　　3) 주기적으로 주변의 가난한 이웃들과 홀로 사는 어르신들을 음식으로 봉사한다.
　　　4) 정직하게 세금을 내고 종업원들의 안정적 근무와 휴식을 보장한다.

다음 워크숍을 위해

1. 정의와 공의와 자비가 넘치는 사랑의 일상을 위해 굳건한 마음을 먹고 살아갑시다.
2. 일상과 일터에서 삶을 함께하는 이들을 사랑의 안목으로 바라보는 훈련을 합시다.
3. 다음 모임을 위해 『일터신앙』 '3장 기도하라' 129 – 154쪽을 읽고 기도하며 나의 일상을 돌아봅시다.

Workshop 04

일터신앙 워크북
PRAY
기도하라

일터신앙 워크숍4

Pray
기도하라

준비
1. 서로 인사하고 오늘까지의 삶을 간단하게 나눕니다.
2. 찬양하면서 깊고 의미 있는 말씀공부로 들어갑니다.
3. 다함께 기도하며 공부를 시작합니다.

I. Name 일터의 갈등

나의 일터를 생각해 봅시다. 그리고 일터에서 관계 가운데 힘들었던 갈등 경험을 떠올려 봅시다.

① 일터에서 다른 사람들과의 관계에서 갈등이 발생하면 어떻게 해결하십니까? 평소에 사용하는 갈등 해결 방식들을 적어보고 서로 이야기를 나누어 봅시다.

1.
2.
3.

② 하나님의 소명에 따라 일하는 사람으로서 갈등을 해결하는 방식은 다를까요? 그렇다면 어떻게 다를지 생각해 보고 서로 이야기 나누어 봅시다.

1.
2.
3.

II. Dream | 하나님의 솔루션

위에서 나눈 두 가지 질문과 답변들을 보면서 각각의 답들이 우리 삶과 일터에 어떤 결과를 가져올지에 대해 다시 생각해 봅시다. 두 명씩 짝을 지어 서로의 의견을 나누어 봅시다.

질문	예상되는 마음과 결과
질문1 내가 일반적으로 사용하는 '갈등 해결의 방법'	예상되는 마음과 결과 토론 파트너의 피드백
질문2 하나님의 소명 받은 사람으로 활용할만한 '하나님의 갈등 해결의 방법'	예상되는 마음과 결과 토론 파트너의 피드백

III. Vsion　기도하며 일하기

01 성령과 갈등

> 오직 성령이 너희에게 임하시면 너희가 권능을 받고 예루살렘과 온 유대와 사마리아와 땅 끝까지 이르러 내 증인이 되리라 하시니라 **사도행전 1장 8절**

① 아래의 『일터신앙』 133쪽 내용을 읽고 그리스도인들이 일터에서 갈등을 회피하지 않고 적극적으로 해결해 나갈 수 있는 힘을 찾아 적어 봅시다.

"갈등은 해결하기 쉽지 않지만 그렇다고 두려워할 필요도 없다. 성령은 제자들의 마음에 현실을 바라보는 영적 시각을 제공하고, 문제를 해결하고자 하는 의지를 불러일으키고, 자신의 능력 부족을 절감하고 기도하게 하고, 문제를 지혜롭고 선하게 해결하게 한다."

갈등 해결의 힘은 (　　　)이다.

② 그리스도인의 성령 충만한 삶은 어떤 노력을 통해서 성취될 수 있습니까? 『일터신앙』 131~132쪽을 읽고 제임스 패커의 이야기를 참조하여 아래 빈칸을 채운 뒤 함께 나누어 봅시다.

"패커는 성령 충만한 삶을 위한 영적 훈련으로 (　　), (　　), (　　)와 같은 종교 행위뿐 아니라 (　　), (　　)(　　)(　　　) 등을 제시한다."

02 기도 훈련의 필요

> 주 여호와께서 이같이 말씀하셨느니라 그래도 이스라엘 족속이 이같이 자기

> 들에게 이루어지기를 내게 구하여야 할지라 내가 그들의 수효를 양 떼 같이 많아지게 하되 제사 드릴 양 떼 곧 예루살렘이 정한 절기의 양 무리 같이 황폐한 성읍을 사람의 떼로 채우리라 그러한즉 그들이 나를 여호와인 줄 알리라 하셨느니라 에스겔 36장 37~38절

① 『일터신앙』 136쪽 세 번째 문단의 문장에서 하나님께서 기도를 요구하신 이유를 찾아 적어 봅시다.

(   ) 살려면 우리는 반드시 기도해야 한다.

② 일터에서 우리가 기도해야 하는 이유는 무엇입니까? 『일터신앙』 139~140쪽을 참조하여 아래 빈칸을 작성해 봅시다.

"기도를 통해 우리는 (   )를 발견하고 일과 내가 서로 (   )을 경험하게 된다." 『일터신앙』 139쪽 세 번째 문단

"일터에서 기도하지 않으면 일터에서 우리가 만나는 이웃이 누구인지를 생각하려 하지 않는다. 더군다나 일터에서 (   ) 사명을 기억하기도 쉽지 않다." 『일터신앙』 140쪽 두 번째 문단

③ 당신은 일터에서 어떻게 기도하고 있습니까? 일터에서 기도하는 습관을 갖고 있습니까? 기도를 통해 어려움을 극복한 경험이 있습니까? 잠시 서로 나누어 보시기 바랍니다.

03 네 가지 기도

① 예수님께서는 중언부언기도하지 말라고 하셨습니다. 『일터신앙』 142~144쪽 참조해 일터의 첫 번째 기도 방법을 세워 봅시다.

첫 번째 기도방법:

② 예수님께서는 중요한 일들을 앞두고 시간을 들여 기도하기를 잊지 않으셨습니다(누가복음 22:39~46, 23:34,46). 예수님의 기도하는 삶을 따라 『일터신앙』 144~146 쪽을 참조하여 두 번째 기도 방법을 세워 봅시다.

두 번째 기도방법:

③ 사도 바울은 자신의 선교 사역을 위해 교회에 기도를 부탁했습니다(에베소서 6:18~20). 사도 바울을 따라 『일터신앙』 146~148쪽을 참조하여 세 번째 기도 방법을 세워 봅시다.

세 번째 기도 방법:

④ 예수님은 "너희를 박해하는 자를 위하여 기도하라"고 말씀하셨습니다(마 5:44). 예수님의 뜻을 되새기며 『일터신앙』 149~151쪽을 참조하여 네 번째 기도 방법을 세워 봅시다.

네 번째 기도 방법:

04 일터를 위한 기도 제목들

① 『일터신앙』 151쪽 두 번째와 세 번째 문단을 읽고 아래 빈 칸을 채워보시기 바랍니다.

그리스도인은 자신뿐 아니라 (　　　　)를 위해 기도해야 한다.

② 『일터신앙』 152쪽 두 번째 문단을 읽고 아래 빈 칸을 채워보시기 바랍니다.

그리스도인은 자신의 성공을 위해 기도하는 것이 아니라 자신의 성공을 통해
(   )이 일터를 통치하시도록 기도해야 한다.

③ 『일터신앙』 153쪽 첫 번째 문단을 읽고 아래 빈 칸을 채워보시기 바랍니다.

그리스도인은 일하면서 의도적 혹은 무의식적으로 지은
(   )를 (   )해달라고 기도해야 한다.

④ 『일터신앙』 154쪽 두 번째와 세 번째 문단을 읽고 아래 빈 칸을 채워보시기 바랍니다.

그리스도의 제자들은 일터에서 (   )와 (   )를 분별하고
(   )를 이길 수 있는 (   )을 주시도록 기도해야 한다.

⑤ 각자의 일터마다 특성이 다릅니다. 자신의 일터에서 특별히 필요한 기도가 무엇인지 생각해 보고 함께 나눠봅시다.

IV. Share 다니엘의 일터 기도

다니엘 6장에 따르면, 메대 왕 다리오 시절에 다니엘은 세 명의 지방 총리 가운데 하나였습니다. 다니엘의 민첩함과 탁월함에 감동을 받은 다리오 왕은 다니엘을 전국을 다스리는 총리로 세우고자 했습니다. 다니엘이 다리오의 궁정에서 승승장구하자 총리들과 고관들이 다니엘을 질투하기 시작했습니다. 그리고 마침내 그를 제거하기로 모의했습니다. 그들은 다니엘이 하루 세 번 예루살렘이 있는 서쪽을 향해 기도하는 습관이 있다는 것을 발견했습니다. 그리고 그것을 이용하여 다니엘을 모함하기로 했습니다. 그들은 궁정으로 가서 왕 이외에 다른 신이나 사람에게 무엇을 간구하는 사람을 사자 굴에 넣는 칙령을 반포해야 한다고 왕에게 고했습니다. 그리고 다리오 왕이 그것을 승인하여 전국에 반포하도록 하는데 성공했습니다. 그러나 다니엘은 흔들리지 않았습니다. 왕 이외에 다른 신에게 절을 하거나 무엇을 간구하는 사람은 죽을 수도 있다는 사실을 알고도 그는 평소 하던 대로 하루 세 번 예루살렘을 향해 하나님께 감사하며 기도했습니다. 다니엘을 모함하던 사람들은 당장 그를 고소했습니다. 다니엘을 아끼는 다리오 왕은 자신이 관리들의 꾐에 빠진 사실을 뒤늦게 알고 후회했지만 어쩔 수 없었습니다. 왕은 다니엘을 사자 굴에 넣으라고 명령했습니다. 그러나 왕은 다음날 이른 아침에 사자 굴에서 멀쩡하게 살아 있는 다니엘을 발견하고 다니엘의 기도를 들어주시는 하나님을 찬양했습니다.

귀스타브 도레 "다니엘" (단 2:20)

다니엘의 기도 습관과 기도 내용과 기도의 결과를 묵상하면서 우리의 일터 기도를 점검해 봅시다.

	다니엘 스토리	내 스토리
위기 상황		
기도 습관		
기도 내용		
기도 결과		

V. Practice | 어떻게 기도할까

두세 명씩 짝 지은 후, 지금까지 나눈 기도생활을 바탕으로 자신의 일터에서 기도 생활 계획을 세워 함께 나누어 봅시다.

나의 기도 생활 계획	
지금 당면한 나의 일터 상황	
일터에서 기도할 수 있는 시간	
일터에서 기도할 수 있는 장소	
일상적으로 혹은 특별히 기도해야 할 제목	

다음 워크숍을 위해

1. 기도가 나의 일상을 지배하는 영적 삶을 위해 결단하는 시간을 가져봅시다.
2. 일상과 일터에서 네 가지 기도 훈련을 실천해 봅시다.
3. 다음 모임을 위해 『일터신앙』 '4장 기도하라(안식부분)' 155-170쪽을 읽고 나의 일상을 돌아봅시다.

Workshop 05

일터신앙 워크북
REST
안식하라

일터신앙 워크숍5

Rest
안식하라

준비
1. 서로 인사하고 오늘까지의 삶을 간단하게 나눕니다.
2. 찬양하면서 깊고 의미 있는 말씀공부로 들어갑니다.
3. 다함께 기도하며 공부를 시작합니다.

I. Name 쉬어갑시다

일하는 것도 중요하지만 쉼도 중요합니다. 쉼은 우리 일상에서 매우 중요한 포인트입니다.

① 일로부터 해방되어 쉬는 날 우리는 그 시간을 어떻게 보내고 있습니까? 함께 이야기 나누어 봅시다.

1.
2.
3.

② 하나님과 함께 그리고 공동체와 함께 쉰다고 생각해 봅시다. 그 시간 우리의 쉼은 어떤 모습일까요? 서로 나누어 봅시다.

1.
2.
3.

II. Dream 멋진 쉼

위에서 나눈 두 가지 질문과 답변들을 보면서 각각의 답들이 우리 삶과 일터에 어떤 결과를 가져올지에 대해 다시 생각해 봅시다. 두 명씩 짝을 지어 서로의 의견을 나누어 봅시다.

질문	예상되는 마음과 결과
질문1 내가 원하는 쉼	일터를 떠날 때 예상되는 마음과 결과
	토론 파트너의 피드백
질문2 하나님께서 원하시고 공동체가 원하는 나의 쉼	일터를 떠날 때 예상되는 마음과 결과
	토론 파트너의 피드백

III. Vsion 안식하며 일하기

01 안식의 의미

> 너는 엿새 동안 일하고 일곱째 날에는 쉴지니 밭 갈 때에나 거둘 때에도 쉴지며 출애굽기 34장 21절

① 『일터신앙』 155쪽 두 번째 문단을 읽고 아래 빈 칸을 채워봅시다.

"쉼을 요구하는 안식일 계명은 고달픈 노동자들에게 선택의 여지가 있는 '권유 사항'이 아니라 반드시 순종해야만 하는 (   )다. 출애굽기의 안식일 계명은 고달픈 육체를 쉬게 하라는 의미도 있지만(출 23:12), 하던 일을 (   )는 의미가 지배적이다(20:20; 31"14; 34:21; 35:2-3). 안식하다는 히브리 동사 "샤바트"는 구약성서에서 쉬다(rest), 중단하다(stop), 마치다(end) 등의 뜻으로 사용되고 있다. 그러나 출애굽기 안식일 명령에서는 (   )는 의미가 강하다."

② 『일터신앙』 155쪽 세 번째 문단을 읽고 아래 빈 칸을 채워봅시다.

"하나님은 우리를 끊임없는 일로부터 해방시켜 하나님과 함께 안식하며 기쁨을 누리고 하나님을 찬양토록 우리에게 안식일 계명을 주셨다. 안식은 지속적인 노동을 위해 지친 몸을 달래는 수단이 아니다. 이런 생각은 노동을 천하게 여기는 아리스토텔레스식의 사고방식이다. 성서적 관점으로는 (   )이 (   )을 위한 수단이다. 하나님은 일곱째 날에 안식하시고 창조를 마무리하셨다. 창조의 목적이 (   )이 아니라 (   )이라는 의미다."

③ 『일터신앙』 156쪽 두 번째 문단을 읽고 빈 칸을 채워봅시다.

"안식일 안식을 누릴 때, 우리는 평일에 무엇을 위해 일해야 하는지 깨닫는다. 안식일은 쉬면서 놀고먹는 날이 아니다. 깊이 하나님을 (   )하며 하나님께 (   )하며 하나님과 (   ) 날이다. 안식은 우리 기도를 깊은 영적 수준으로 이끌어간다."

④ 위 질문들을 근거하여 안식의 의미를 정의해 봅시다. 하나님의 뜻과 성경이 가르치는 바에 비추어 안식은 어떤 것입니까?

02 안식과 예배

> 안식일을 기억하여 거룩하게 지키라 엿새 동안은 힘써 네 모든 일을 행할 것이나 일곱째 날은 네 하나님 여호와의 안식일인즉 너나 네 아들이나 네 딸이나 네 남종이나 네 여종이나 네 가축이나 네 문안에 머무는 객이라도 아무 일도 하지 말라 이는 엿새 동안에 나 여호와가 하늘과 땅과 바다와 그 가운데 모든 것을 만들고 일곱째 날에 쉬었음이라 그러므로 나 여호와가 안식일을 복되게 하여 그 날을 거룩하게 하였느니라 **출애굽기 20장 8~11절**

① 안식을 지키는 첫 번째 이유는 무엇입니까? 『일터신앙』 159쪽 두 번째 문단을 읽고 이야기 나누어 봅시다.

② 쉼 없는 노동은 어떤 위험이 있습니까? 안식을 지키는 두 번째 이유는 무엇입니까? 『일터신앙』 160쪽 네 번째 문단을 읽고 이야기 나누어 봅시다.

③ 『일터신앙』 161쪽 두 번째 문단을 읽고 아래 빈 칸을 채우고 이야기 나누어 봅시다.

"일하면서 하나님께 예배를 드리려면 (　　　) 일을 떠나야 한다. 안식일 혹은 주일에 우리는 하루를 일에서 분리해 하나님께 바침으로써 우리의 존재가 하나님을 예배하는 '하나님의 형상'임을 기억한다. 또한 일은 세상에 하나님의 대리인으로서 생명을 번성하게 하는 하나님 나라 사역들 가운데 (　　　)라는 사실을 잊지 않는다."

03 안식을 누리는 방법

① 『일터신앙』 162~163쪽 두 번째 문단을 읽고 아래 빈 칸을 채워 봅시다.

"매 주일 하루를 쉬며 교회에서 하나님을 예배하는 행위는 가장 중요한 안식 연습이다. 주일에 쉬며 드리는 예배의 중요성을 별도로 설명할 필요는 없다. 우리는 예배에서 누리는 안식 외에도 (   )에서 안식을 누리도록 연습해야 한다. (   )의 안식이 많을수록 우리 삶이 반짝거리고 윤택해진다. 주일 안식을 위해 주중 삶을 쉬지 않고 미친 듯이 바쁘게 살아서도 안 된다.…하나님은 우리가 주말에만 안식하지 말고 주말 주중 가리지 않고 항상 하나님과 함께 안식하기 원하신다."

② 일상에서 안식을 바르게 누리는 바른 방법은 무엇입니까? 『일터신앙』 163~164쪽을 읽고 아래 빈 칸에 안식의 첫 번째 방법을 적어본 뒤 나누어 봅시다.

　　안식의 첫 번째 방법:

③ 일터에서 안식을 누리는 바른 방법은 무엇입니까? 『일터신앙』 164~166쪽을 읽고 참조하여 아래 빈 칸에 안식의 두 번째 방법을 적어본 뒤 나누어 봅시다.

　　안식의 두 번째 방법:

④ 일상에서 안식의 기쁨을 확대하는 방법은 무엇입니까? 『일터신앙』 166~168쪽을 읽고 참조하여 안식의 세 번째 방법을 적어본 뒤 함께 나누어 봅시다.

안식의 세 번째 방법:

⑤ 일상에서 안식의 기쁨을 심화하는 방법은 무엇입니까? 『일터신앙』 168~170쪽을 읽고 참조하여 안식의 네 번째 방법을 적어본 뒤 이야기 나누어 봅시다.

안식의 네 번째 방법:

IV. Share 출애굽 이스라엘의 안식

　출애굽기 1~40장은 이스라엘 백성들의 안식과 노동에 관한 이야기입니다. 출애굽기는 애굽 왕 바로의 가혹한 통치 아래 거의 노예 수준으로 노동하던 이스라엘 백성들의 고통으로부터 시작됩니다(1~5장). 이스라엘은 지금 쉼 없는 노동으로 고통을 받고 있을 뿐 아니라 점점 그들을 쉬지 못하게 하는 애굽의 통치자들이 숭배하는 신앙에 빠져들었습니다. 하나님께서는 모세를 바로 왕에게 보내 이스라엘 백성들이 일을 중단하고 사흘 길쯤 광야로 나가 하나님을 예배하는 기회를 갖도록 요구하셨습니다(출애굽기 5:3). 결국 하나님께서는 이스라엘을 쉼 없는 노동과 헛된 우상숭배로부터 구원하셔서 쉼과 하나님을 예배하는 자리로 인도하셨습니다. 고통스런 애굽으로부터 벗어난 이스라엘은 곧 애굽에서의 노동을 중단하고 하나님께서 주시는 안식을 누리는 삶으로 나아갈 수 있게 되었습니다.

　이스라엘은 쉼 없이 노동해야 먹고 살 수 있었던 애굽의 삶에 더 이상 매어있지 않아도 되었습니다. 그들은 광야에서 하나님께서 매일 내려주시는 만나를 먹으며 참 안식을 누릴 수 있었습니다. 하나님께서는 평소에는 그날 먹을 분량으로, 안식일을 앞둔 여섯째 날에는 안식일에 먹을 분량까지 이스라엘에게 주셔서 먹이시고 인도하셨습니다. 일용할 양식을 내려주신 하나님의 은혜로 이스라엘 백성들은 40년 광야생활을 버틸 수 있었습니다. 이스라엘 백성들은 광야에서 그들의 소소한 일상의 모든 것을 채우시고 공급하시며 인도하시는 하나님을 경험했습니다. 그들은 하나님을 예배하는 사람들의 삶은 온전히 하나님의 은혜 아래 있음을 경험했습니다. 이스라엘 백성들은 그래서 성막을 세우고(출애굽기 25:31) 성막에 임재하시는 하나님을 예배하는 삶을 배웠습니다. 여기서 가장 중요한 것은 물론 안식하는 시간을 구별하여 지키는 일이었습니다(출애굽기 31:12~27; 35:1~3).

　이후 가나안에 정착한 이스라엘 백성들은 안식일을 지키며 땅을 갈아 먹고 살았습니다. 그들은 하나님께서 인도하시고 가르치셨던 삶을 확장하여 바르게 세우고 지켰습니다. 노동하는 삶에서 하나님을 예배하며 안식하는 삶으로, 다시 노동하는 삶으로 나아가는 패턴을 세웠습니다.

출애굽 이스라엘 백성들의 이야기에 비추어 우리의 일상과 우리의 안식을 돌아봅시다.

	출애굽 이스라엘의 안식	우리의 안식
언제 노동을 중단하는가?		
어떻게 하나님을 예배하는가?		
어떻게 공동체와 안식일(주일)을 지키는가?		
안식 후 노동은 어떻게 달라지는가?		

V. Practice 안식의 실천

오늘 깨달은 안식의 의미와 예배, 실천 의지 등을 담은 '안식 선언문'을 간단하게 작성해 봅시다. 자신의 환경에서 어떻게 안식하며 일할지 선언문으로 표현해봅시다. 특별히 노동의 중단, 하나님 예배, 공동체와 함께하는 안식 그리고 노동의 복귀 등 네 가지 개념을 중심으로 안식 선언문을 작성해 봅시다. 작성한 선언문을 함께 발표하며 나눠보시기 바랍니다.

안 식 선 언 문

1.(노동을 그침)

2.(하나님 예배)

3.(공동체와 함께 하는 안식)

4.(노동으로 힘찬 복귀)

 년   월   일

선언문 작성자 :

다음 워크숍을 위해

1. 하나님과 공동체가 함께 안식하는 삶을 위해 결단하는 시간을 가져봅시다.
2. 안식하는 시간을 확보하고 바른 안식을 실천하는 훈련의 기회를 가져봅시다.
3. 다음 모임을 위해 『일터신앙』 '5장 인내하라'를 읽고 나의 일상을 돌아봅시다.

Workshop 06

일터신앙 워크북
ENDURE
인내하라

일터신앙 워크숍6

Endure
인내하라

준비

1. 서로 인사하고 오늘까지의 삶을 간단하게 나눕니다.
2. 찬양하면서 깊고 의미 있는 말씀공부로 들어갑니다.
3. 다함께 기도하며 공부를 시작합니다.

I. Name 떠나고 싶은 현실

① 일터를 떠나고 싶은 충동을 느꼈던 때가 있었습니까? 그런 경우 여러분 각자에게 어떤 가능한 선택이 있을지 세 개만 적어 봅시다.

1.
2.
3.

② 일터를 떠나고 싶을 때, 일터로 나를 부르신 하나님의 뜻에 비추어 보아 옳다고 생각하는 선택을 다시 적어 봅시다. 위의 세 가지 선택이 포함될 수도 있습니다.

1.
2.
3.

II. Dream 하나님의 뜻

위에서 나눈 두 가지 질문과 답변들을 보면서 각각의 답들이 우리 삶과 일터에 어떤 결과를 가져올지에 대해 다시 생각해 봅시다. 두 명씩 짝을 지어 서로의 의견을 나누어 봅시다.

질문	예상되는 마음과 결과
질문1 일터를 떠나고 싶을 때 내가 할 수 있는 선택	예상되는 마음과 결과 토론 파트너의 피드백
질문2 하나님의 부름 받은 사람으로서 택할 수 있는 선택	예상되는 마음과 결과 토론 파트너의 피드백

III. Vsion 소명과 인내

01 과정으로서의 소명

> 예수는 지혜와 키가 자라가며 하나님과 사람에게 더욱 사랑스러워 가시더라
> 누가복음 2장 52절

① 많은 사람들이 '소명'이라는 말에 부담을 느낍니다. 소명을 완성되어야할 어떤 것으로 생각하기 때문입니다. 그러나 '소명'은 어떤 거대한 목적을 성취하는 것보다는 그 부르심의 목적을 성취해나가는 (시행착오가 있는) 과정입니다. 『일터신앙』 179쪽 마지막 문단을 읽어보고 빈 칸을 채워봅시다.

"'소명'을 완성된 신앙행위가 아니라 삶의 (   )을 제시하고 그 길을 걸어가도록 격려하는 (   )이라고 이해해야 한다."

② 사도 바울은 그리스도인들도 교회 안에서 그리스도에게 이르기까지 꾸준히 자라야 한다고 말합니다(에베소서 4:15~16). 우리의 '소명'은 삼위일체 하나님과 함께 하는 삶의 과정입니다. 『일터신앙』 186쪽 첫 문단을 참조하여 아래 문장을 완성해 봅시다.

"'소명'은 그리스도의 (   )로서 성령의 (   )으로 하나님 아버지의
(   )에 순종하는 과정입니다."

02 종말론적 소망과 소명

> 그 고난의 연기가 세세토록 올라가리로다 짐승과 그의 우상에게 경배하고 그의 이름표를 받는 자는 누구든지 밤낮 쉼을 얻지 못하리라 하더라 성도들의 인내가 여기 있나니 그들은 하나님의 계명과 예수에 대한 믿음을 지키는 자니라 요한계시록 14장 11~12절

① 그리스도인은 하나님 나라가 도래하는 종말의 완성을 향한 소망으로 살아갑니다. 이 소망이 일터에서 살아가는 당신의 '소명'에 어떤 영향을 미칠까요? 『일터신앙』 187쪽 마지막 문단을 188쪽까지 읽고 참조하여 아래의 답을 완성해 봅시다.

"종말론은 미래에 일어날 구원의 완성을 소망하는 오늘 그리스도인들이 모호해 보이는 현실을 새롭게 바라보며 (   )을 살아가도록 동기를 부여한다… 그리스도인들은 종말의 구원에 참여하기 위해 자신의 현실 속에서 (   )을 살아가기 위해 노력한다."

② 종말론적 소망으로 소명을 따라가는 사람은 윤리적인 삶을 위해 애씁니다. 종말에 대한 믿음이 당신의 일터 윤리에 어떻게 영향을 끼칠 수 있을까요? 아래 『일터신앙』 189쪽 마지막 문장을 함께 읽고 빈칸을 채워 봅시다.

"그리스도인들은 종말론을 통해 현실의 부패를 (   )하는데 그치지 않고 부패한 현실을 거룩한 곳으로 (   )시키려는 소망을 품게 된다."

03 소명의 이상과 현실, 그리고 타협

① 때때로 우리는 일터에서 소명의 이상과 악한 현실 속에서 갈등 상황에 직면합니다. 이럴 때면 소명의식으로 충만한 그리스도인들조차 '한계상황'을 경험하기도 합니다. 『일터신앙』 193쪽 두 번째 문단을 읽고 아래 문장을 완성한 뒤 갈등을 이기는 길을 함께 나누어 봅시다.

"신실한 그리스도인 직장인들은 치열하고 무자비한 직장 현실에서 (   )처럼 지혜롭고 (   )처럼 순결한 삶을 살아가야 한다."

② 하나님께서는 때로 선하지 않은 일을 선택하는 것을 허용하시기도 합니다. 『일터신앙』 194쪽 네 번째 문단 틸리케의 주장을 참조하여 아래 문장을 완성한 뒤 그 이유를 우리의 현실적 경험에 비춰 나누어 봅시다.

"우리의 일은 (   )라는 본질적인 의미를 가진다. 내가 일해서 나 자신뿐 아니라 (   )의 생명을 번성케 할 때, 나의 일은 가장 만족스럽고 거룩해진다. 나의 일은 나 자신뿐 아니라 (   )에게 유익이 될 때 보람과 기쁨이 된다."

③ 하나님의 부르심에 비추어 우리가 지금 하고 있는 일이 다른 사람들과 피조물에 어떤 (선하거나 혹은 악한) 영향을 끼치고 있는지 생각해 봅시다.

04 종말론적 소망으로 일하는 여섯 가지 방법

① 『일터신앙』 199~201쪽을 참조하여 종말론적으로 일하는 첫 번째 방법을 아래 빈 칸에 적어 봅시다. 그리고 함께 이야기 나누어 봅시다.

종말론적으로 일하는 첫 번째 방법:

② 『일터신앙』 201~203쪽을 참조하여 종말론적으로 일하는 두 번째 방법을 아래 빈 칸에 적어 봅시다. 그리고 함께 이야기 나누어 봅시다.

종말론적으로 일하는 두 번째 방법:

③ 『일터신앙』 203~206쪽을 참조하여 종말론적으로 일하는 세 번째 방법을 아래 빈 칸에 적어 봅시다. 그리고 함께 이야기 나누어 봅시다.

종말론적으로 일하는 세 번째 방법:

④ 『일터신앙』 206~207쪽을 참조하여 종말론적으로 일하는 네 번째 방법을 아래 빈 칸에 적어 봅시다. 그리고 함께 이야기 나누어 봅시다.

종말론적으로 일하는 네 번째 방법:

⑤ 『일터신앙』 207~210쪽을 참조하여 종말론적으로 일하는 다섯 번째 방법을 아래 빈 칸에 적어 봅시다. 그리고 함께 이야기 나누어 봅시다.

종말론적으로 일하는 다섯 번째 방법:

⑥ 『일터신앙』 210~212쪽을 참조하여 종말론적으로 일하는 여섯 번째 방법을 아래 빈 칸에 적어 봅시다. 그리고 함께 이야기 나누어 봅시다.

종말론적으로 일하는 여섯 번째 방법:

IV. Share 야곱의 인내하는 삶

창세기 28~31장은 야곱이 쌍둥이 형 에서를 피해 하란에 있는 외삼촌 라반의 집으로 도망가 20년 동안 목자로 일하던 이야기이다. 성경의 이야기대로 하자면 라반은 야곱이 도망자라는 신분적 약점을 최대한 이용한 '악덕 업주'였다. 그는 야곱이 좋아하던 둘째 딸을 주겠다고 속이고서 둘째 라헬 대신 첫째 딸 레아를 아내로 주고, 야곱의 노동을 7년이나 더 써먹은 뒤에야 야곱의 요청대로 라헬을 둘째 아내로 주었다. 라반은 야곱을 돌보시는 여호와 하나님 덕분에 재산이 크게 늘었지만, 야곱에게 정당한 몫을 주기는커녕 야곱과 약속한 품삯을 열 번이나 바꿔 속였다. 야곱은 그렇다고 라반에 대항해 라반의 집을 떠나지 않았다. 그는 그 집에 머물면서 20년 동안 라반을 섬겼다. 그 사이에 야곱은 레아와 라헬을 포함해 네 명의 아내를 통해 열 두 자녀를 얻었다. 야곱은 라반의 집에 오기 전 벧엘에서 만난 하나님의 약속(28:10~22)에 대

귀스타브 도레 "라반의 양떼를 지키는 야곱" (창29:20)

한 믿음과 아내 및 자녀들 때문에 약삭빠른 고용주 라반의 집에서 묵묵히 견딜 수 있었다. 그러던 어느 날 여호와 하나님께서 야곱에게 찾아와 야곱의 가축이 늘어날 수 있는 지혜를 주시면서 재산이 확보되면 고향으로 돌아가라고 명령하셨다. 야곱은 재산을 증식한 뒤 라반의 집을 탈출해 고향으로 돌아갈 계획을 은밀하게 세우고 라반과의 사이에서 엉뚱한 계약을 맺은 뒤 얼룩무늬 있는 가축과 아롱진 가축의 수를 획기적으로 늘려 자기 재산을 늘려나갔다. 하나님께서는 라반에게 빼앗겼던 정당한 노동의 대가를 특별한 지혜로 채워주셨다. 야곱은 빈손이 아니라 크게 번성한 가족과 가축들을 데리고 금의환향했다. 20년 동안 라반의 집에서 착취를 당하면서도 하나님의 약속을 믿고 인내한 야곱은 비록 험악한 세월을 보냈지만 풍성한 열매와 함께 고향으로 돌아갔다.

야곱의 인내하는 일터 이야기를 아래의 틀대로 정리해 보고 우리의 인내하는 삶을 나누어 봅시다.

	요셉 스토리	내 스토리
힘든 상황		
어떻게 대처했나?		
인내할 수 있던 힘		
인내한 결과		

인내하라 ENDURE

V. Practice | 어떻게 인내할까

지금까지 한 공부를 바탕으로 '종말론적 소망을 가지고 내 일터에서 인내하며 일하라'는 나를 향한 하나님의 소명을 한 두 문장으로 정리해 봅시다. 그리고 인내하는 일터의 삶 실천 계획을 세워 함께 나누어 봅시다. 아래의 예를 참조하시기 바랍니다.

나의 소명과 계획	
나의 일터에서 집중해야 할 인내의 소명	
인내하는 일터를 위한 우리의 계획	

예) 식당 자영업자의 경우

소명
나는 하나님이 소명으로 주신 식당 영업을 통해 고객들에게 최고의 음식을 합리적 가격으로 지속적으로 판매하도록 최선을 다 한다. 식당 운영의 소명을 위협하는 위기 상황들이 닥쳐올 때에는 믿음과 소망과 사랑의 자세로 적극적으로 대처한다.

실천 계획
1) 항상 내 식당이 종말의 심판을 통과할 수 있을지를 생각한다.
2) 때론 최선을 다 하지 못하는 상황에서도 낙심하지 않고 소명의 길을 걸어간다.
3) 갈등 상황에서는 내 소명의 본질인 '고객사랑'을 실천할 현실적 방안을 강구한다.
4) 경영에 어려움이 찾아온다고 쉽게 문을 닫지 않고 해결책을 모색하며 버티어본다.
5) 영업을 중단할지라도 식당을 자주 찾아주신 고객들과 함께 일한 종업원들을 기억하고 그들을 위해 기도한다.

다음 워크숍을 위해

1. 기다림과 인내가 나의 일상을 지배하도록 결단하는 시간을 가져봅시다.
2. 인내하는 일상과 일터가 되도록 늘 기도로 훈련을 실천해 봅시다.
3. 다음 모임을 위해 『일터신앙』 '에필로그'를 읽고 나의 일상을 돌아봅시다.

Workshop 07

일터신앙 워크북
COMMISSION
파송

일터신앙 워크숍7

Commission 파송

준비
1. 서로 인사하고 오늘까지의 삶을 간단하게 나눕니다.
2. 찬양하면서 깊고 이제껏 함께 나누었던 일터신앙의 의미를 묵상합니다.
3. 다함께 기도하며 마지막 나눔을 시작합니다.

I. 변화된 일과 일터

오늘까지 일곱 번에 걸쳐 우리와 우리의 일, 그리고 우리 일터가 신앙 안에서 변화해야 할 것들에 대해 나누었습니다. 일터신앙 워크숍을 통해 일어난 내 일과 일터에서 일어나고 있거나 일어나기를 기대하는 변화에 대해 이야기 나누어 봅시다.

내 일에서 일어나고 있거나 일어나기를 기대하는 변화

내 일터에서 일어나고 있거나 일어나기를 기대하는 변화

II. 일과 신앙 그리고 교회

01 이제 마지막 정리하는 시간입니다. 우리 그리스도인에게 '일(work)'은 무엇인지 그 동안 배운 것을 참고하여 각자의 의견을 아래에 적어보고 이야기 나누어 봅시다.

나에게 일은 _____

02 우리는 일과 일터를 신앙의 눈으로 바라보아야 합니다. 이제껏 우리가 주제로 삼았던 다섯 가지 단어를 중심으로 우리의 일과 일터를 신앙으로 바라보고 살아가는 의미를 정리해 봅시다.

	의미	나의 실천
들으라 Listen		
사랑하라 Love		
기도하라 Pray		
안식하라 Rest		
인내하라 Endure		

03 교회는 우리의 일터 신앙 회복과 부흥을 위한 전진기지와 같은 곳입니다. 우리는 교회 공동체를 중심으로 우리 일터로 나아가 일과 일터를 변화시키고 회복시켜야 합니다. 『일터신앙』의 마지막 에필로그 228쪽 세 번째 문단을 함께 읽고 바른 일터신앙 회복을 위한 교회의 사명을 정리해 나누어 봅시다.

"교회는 매일 일터로 출근하는 성도들을 그 일터로 (   )하는 선교기관이다."

III. 축복과 나눔 그리고 파송

이제 우리는 우리 신앙 공동체의 한 뜻 한 마음으로 기도하는 가운데 서로를 일터의 선교현장으로 파송하려 합니다.

01 먼저 두 명씩 짝을 지어 누가복음 10장 1~3절을 읽고 아래의 이야기를 나누어 봅시다.

나의 일터에 대한 소개	나의 일터를 향한 선교적 소명
형제(자매)의 일터 소개	형제(자매)의 일터를 향한 선교적 소명

02 예수님께서는 하나님의 뜻을 따라 둘씩 짝을 지어 당신이 가려 하셨던 세상 곳곳 선교적 사역의 현장으로 제자들을 파송하셨습니다. 이제 우리도 그 일을 하려 합니다.

① 모두 함께 사도행전 13장 1~3절을 읽습니다. 그리고 이제부터 진행될 일터 선교지를 향한 신실한 파송의 절차를 위해 함께 기도합니다.

② 합심기도를 마친 후 두 명씩 짝 지워진 팀별로 돌아가며 각자의 일터와 그 선교적 소명을 나눕니다. 각 팀은 발표할 때 함께하는 짝의 일터 이야기와 소명을 발표하도록 합니다.

③ 각 팀이 일터에 대한 소개와 선교적 소명을 발표하고 나누고 나면 전체는 그 일터와 선교적 소명 그리고 팀을 이룬 두 명의 일터 선교사들을 위해 함께 파송의 기도를 드립니다.

④ 각 팀이 소개와 소명 발표를 할 때 끝까지 경청하고 파송하는 기도 시간을 갖습니다.

03 인도자를 중심으로 마지막 파송의 나눔 기도를 드립니다.

> 인도자: 하나님 여기 주께서 부르신 주의 종들이 있습니다.
> 다같이: 우리를 세상 일터를 향한 주의 사역자로 불러주심을 감사드립니다. 우리 일과 일터에 대하여 보다 깊고 풍성하며 지혜로운 생각과 마음을 갖게 하심을 감사드립니다.
> 인도자: 하나님 주의 종들이 신실한 일터 신앙인, 일터 사역자로 서게 하여 주옵소서.
> 다같이: 우리가 믿음의 눈으로 우리의 일, 우리의 일터를 바라보게 하시고 그곳에서 부르심을 듣고 그곳에서 사랑을 실천하게 하시며 그곳에서 기도하는 가운데 일과 쉼의 지혜로운 구별을 이루게 하시고 그곳에서 인내하며 주의 구원의 날을 소망하게 하소서.
> 인도자: 하나님 주의 종들이 각자의 일터로 나아가오니 지켜주시고 인도하여 주옵소서.
> 다같이: 우리가 우리의 일터 현장으로 나아갑니다. 성령이여 도우소서. 돕는 이들을 곁에 세워주시고 교회의 든든한 격려가 끊이지 않게 하시며, 무엇보다 우리가 보냄 받은 일터에서 주의 말씀이 열매를 맺고 번영하게 하소서.
> 다같이: 예수님의 이름으로 기도합니다. 아멘

IV. 교제하며 다음단계를 기획하기

01 간단한 간식이나 혹은 필요하다면 식사 시간을 가지며 지난 일곱 번의 워크숍 동안 함께 한 형제와 자매들과 서로 축복하고 격려하는 교제를 나누시기 바랍니다.

02 『일터신앙』과 『일터신앙 워크북』 외에도 『일터신앙인을 위한 52주 묵상집』이 있습니다. 신실한 일터 생활과 사역을 위해 매일 묵상하며 살아가기를 서로 권면합니다.

03 워크숍에 함께 한 일터 동역자들과 지속적인 교류와 교제와 그리고 일터 신앙에 관한 나눔을 위하여 다음 모임과 다음 단계 과제를 기획해 봅시다.

04 지난 일곱 번의 워크숍을 위해 수고한 인도자와 봉사자들에게 감사의 마음을 전하고 함께 드리는 기도로 축복합니다.

05 '일터신앙 워크숍'에 함께 해 주신 여러분 모두에게 감사드리며 하나님께 영광의 찬양을 드립니다.

Workshop Guide

일터신앙 워크북

일터신앙 워크북 인도자 가이드

일터신앙 워크숍

일터신앙 워크북 인도자 가이드

워크숍 진행하기

01 한 장마다 2시간 기준으로 진행합니다. 10~15분씩 일찍 혹은 늦게 끝날 수도 있지만 가능한 시간을 지켜주시기 바랍니다.

02 2~6장을 진행할 때는 Name과 Dream은 각 20분 이내가 적당합니다. 각 장의 핵심인 Vision은 40분을 넘지 않도록 속도를 내어가면서 내용 숙지를 목적으로 진행해주시기 바랍니다. Share와 Practice는 각 20분 기준으로 진행하되 시간에 쫓겨 Practice를 적당히 넘어가는 일이 없도록 조심해주시기 바랍니다. 각 장의 워크숍은

Practice가 가장 중요합니다.

03 워크숍을 시작하면서 만약 참가자들이 자발적으로 대화하기를 꺼려하면 인도자는 최대한 존중하는 자세로 참가자를 지명하면서 대화를 유도해주시기 바랍니다. 일터에서 실제로 일어나는 경험과 계획들을 대화하며 나누는 것이 이 워크숍의 핵심이라는 사실을 꼭 기억해야 합니다.

04 2장, 3장, 6장은 다뤄야 하는 책의 분량이 많아서 대화와 토론이 길어질 수 있습니다. 인도자는 자유로운 토론이 오가도록 대화가 곁가지에 치우지지 않도록 적절하게 대화 방향을 이끌어주시기 바랍니다.

05 만약 대화가 서로에게 유익하고 시간을 통제하기 어렵다면 참가자들의 동의를 얻어 한 장을 두 번의 모임에 걸쳐 진행할 수도 있습니다. 워크북은 전체 7주 분량이나 만약 참가자들이 동의한다면 최대 10주까지 연장할 수도 있습니다.

준비하기

01 인도자는 각 장을 진행하기 전에 반드시 『일터신앙』 책의 관련 장을 읽고 핵심 주제와 내용을 숙지하시기 바랍니다.

02 워크북 각 장의 문제들을 미리 풀어보고 인도하는 방식을 준비하기 바랍니다. 아래의 각 장별 가이드를 참고하면 좋습니다.

03 특별히 Share 부분의 지문을 꼼꼼히 읽고 질문에 답을 미리 작성하시기 바랍니다.

04 각 모임의 사정에 따라 시간 배분을 어떻게 하는 것이 효과적일지 계획하시기 바랍니다.

05 워크숍 하루 이틀 전에는 참가자들에게 『일터신앙』 관련 장을 읽어오도록 연락해주시기 바랍니다.

06 참가자들을 위해 기도하며 축복하는 마음으로 워크숍을 준비하시기 바랍니다.

제1장 참된 일터를 향한 여정

01 **일상과 신앙**: 일터라는 구체적인 주제로 들어가기 전에 일터를 포함한 우리의 일상에 신앙이 어느 정도 영향력을 미치고 있는지에 대한 자가 점검을 해봅니다.

02 **고달픈 일터**: 참가자 각자가 일터에서 경험하는 고달픈 일상은 무엇인지 서로 대화하게 합니다. 대체적으로 일터에서 피곤하고 힘든 것들을 이야기 하게 됩니다. 인도자는 지나치게 부정적인 경험들에만 치우지지 않도록 긍정적인 면들도 찾아서 이야기 해보도록 권유해주시기 바랍니다. 각자가 일하면서 생각하는 일의 의미가 무엇인지를 토론하게 합니다.

03 **교회와 일터**: 교회와 성도와 일터의 관계에 대해 생각해보는 질문이 자칫 교회에 대한 과도한 비난이 되지 않도록 인도자가 분위기를 잘 조절해주어야 앞으로 워크숍이 원만하게 진행될 수 있습니다. 교회와 성도와 일터의 관계가 잘 성립되는 것이 목적입니다.

04 **『일터신앙』 책의 구성과 주제들**: 참가자들 가운데 대체적으로 책의 주제들에 대해 생소한 분들도 있을 수 있기 때문에 책의 전체적인 주제가 '일의 소명'이라는 사실을 주지시켜주시기 바랍니다.

05 **기대**: 앞으로 진행될 워크숍이 성경이나 책을 분석하고 숙지하는 차원을 넘어서 우리의 일터 삶에 의미를 부여하고 변화시키고 기쁘게 일하는 것을 목적으로 하고 있음을 결론적으로 언급해주시기 바랍니다.

제2장 들으라

주제

일은 하나님이 하나님의 형상으로 창조된 우리 각자에게 주신 소명이므로 우리는 하나님의 말씀을 귀 기울여 듣고 소명으로 일해야 한다. 우리가 하는 일의 본질은 타자의 생명이 번성하도록 돕는 데에 있다.

01 Name (나의 일터를 말한다): 첫 번째 질문과 두 번째 질문을 동시에 던지지 말고 반드시 순차적으로 질문하고 진행해야 합니다. 정답을 찾는 것이 아니라 각자의 생각을 정리하는 것이 목적입니다.

02 Dream (일하며 소망하는 것들): 질문1과 질문2는 미래의 결과를 예측하는 상상력을 동원하는 것이 포인트입니다. 두 질문에 대한 대답이 같을 수도 있으나 대체적으로 크게 차이가 나는 점을 확인하는 것이 중요합니다.

03 Vision (성경이 들려주는 하나님의 부르심): 시간절약을 위해 『일터신앙』 책을 쉽게 찾을 수 있도록 읽어야 할 문단의 위치를 설명해놓았습니다. 답을 적기 위해서 필요한 부분은 좀 더 자세하게 찾아서 읽으며 정확한 답을 찾도록 인도해주시기 바랍니다. 1. ① 형상 ② 관계적인, 대리자, 피조물 통치, 땅을 통치하는, 자기, 하나님, 땅을 통치하는, 예수 그리스도 2. ① 다스리라, 경작할, 지키라 ② 돌보다, 먹고 살기 위해 필요한 일을 하다, 악이 하나님의 창조 세계에 침투하지 못하도록 지키다 ③ 동물들 이름을 지어주었다, 에덴동산의 밭을 갈아 먹을 양식을 생산했다, 선악과를 먹지 않았다 3. ① 생명의 번성 ② 생명을 위한 봉사, 타자, 타자 ③ (각자 하고 있는 일이 어떤 방식으로 타자의 생명에 영향을 미치고 있는지를 생각해보도록 질문하고 대화를 적극적으로 유도해주시기 바랍니다.) 4. ① 예배, 성경 묵상, 공부, 기도 ② 하나님이 세상을 축복하시는 간접적인 방식이기 때문에

04 Share (요셉의 소명 이야기): 1) 요셉은 누구인가요? ☞ 야곱의 열한번째 아들, 하나님의 형상 등. 2) 어떻게 일하게 되었습니까? ☞ 형들의 시기를 받고 애굽에 팔려감, 강제로 등. 3) 어떻게 하나님 말씀을 듣게 되었습니까? ☞ 하나님의 말씀을 기억하고 순종함 등. 4) 결과는 어떻습니까? ☞ 애굽 사람들과 야곱 가문 사람들의 생명을 구원함, 생명의 번성이라는 하나님의 명령을 성실하게 수행함.

05 Practice (우리의 소명 실천): 제시된 네 가지의 질문을 먼저 작성한 뒤에 아래의 예시처럼 소명문을 한 두 문장으로 정리하고 실천지침을 세부적으로 작성하게 합니다.

제3장 사랑하라

주제

우리는 일터에서 이웃들을 사랑하기 위해서 일한다. 우리는 일을 통해서 정의와 공의와 자비라는 방식으로 사랑을 표현한다.

01 Name (행복한 일들): 두 가지 질문을 통해 일의 공동체성 혹은 관계성을 확인하는 것이 목적입니다. 일에서 내가 누리는 행복과 함께 누리는 행복에 차이가 있음을 발견하게 하십시오.

02 Dream (우리 모두에게 복된 일): 내가 누리는 행복을 위한 일과 함께 누리는 행복을 위한 일이 결과적으로 어떤 차이를 가져올지 상상하는 것이 목적입니다.

03 Vision (성경이 말하는 일의 목적): 1. ① 타자 ② 하늘 시민권, 나그네, 세상의 구원, 권세와 정사(영적 세력), 창조주 하나님 2. ① 예수님처럼 이웃을 위해 자신을 내어주며 섬기는 사랑 ② 상호 교환적인 사랑이 아니라 나의 사랑이 필요한 사람을 사랑하는 것 ③ 정의, 공의, 자비 3. ① 정의로움 ② 응당 받아야 할 가치를 보장해주는, 근본적, 가변적 ③ 사랑 ④ 정직한 행동, 규율을 지킴, 정당한 대가를 받음 등 다양한 의견들이 제시될 수 있다. 4. ① 공의로움(신실한 사랑) ② 공의 ③ (책에 나와 있는 예들을 참고하여 자신의 의견을 말할 수 있다.) ④ (사라의 예에서는 상대방이 가지고 있는 장점을 인지하고 시간을 주고 성장할 수 있도록 배려하는 방식으로 공의를 실천했다.) 5. ① 자비로움 ② 자비 ③ 나에게 혜택이 직접 돌아오지 않아도 타자의 생존을 위해 기회를 제공하는 방식으로 자비를 실천한다. ④ (성심당은 팔다 남은 빵을 주는 것이 아니라 처음부터 불우한 이웃을 돕기 위한 빵이 전체 빵의 일정 비율을 차지하도록 만들어 공급했다.)

04 Share (룻과 보아스 이야기): 1) 정의로운 사랑 ☞ 율법에 규정된 대로 룻이 이삭줍기 노동에 참여할 수 있도록 기회를 제공함. 2) 공의로운 사랑 ☞ 룻이 자기 밭에서 이삭줍기를 계속 할 수 있도록 청년들을 통해 보호해줌. 3) 자비로운 사랑 ☞ 룻이 시어머니와 함께 먹을 만큼 충분히 주울 수 있도록 이삭을 일부러 흘려주었음. 4) 사랑의 결과 ☞ 하나님의 이스라엘 구원 계획에 동참하여 다윗의 조상이 됨.

05 Practice (어떻게 사랑을 실천할까?): 각자 세 가지의 질문에 답을 적은 뒤에 아래의 예시를 따라 실천 계획문을 한 두 문장으로 정리하고 구체적인 실천지침을 작성하도록 합니다.

제4장 기도하라

주제

소명으로 일하기 위해서 우리는 일터에서 지속적인 영적 훈련이 필요하다. 무엇보다 성도는 일터에서 하나님께 기도함으로 구체적인 상황 속에서 소명의 길을 따라갈 수 있다.

01 Name (일터의 갈등): 두 가지 질문을 순차적으로 던지고 스스로 답변을 하면서 소명으로 일한다는 의식을 가지고 있을 때, 갈등 상황을 헤치고 나가는 방식이 많이 달라질 수 있음을 생각해봅니다.

02 Dream (하나님의 솔루션): 갈등을 해결하는 작은 방식이 장기적으로 자신의 인생에 큰 차이를 가져올 수 있음을 상상해봅니다.

03 Vision (기도하며 일하기): 1. ① 성령 ② 기도, 교제, 예배, 생각하고, 경청하고, 자신에 대해 질문하고, 다른 사람과 함께 마음을 나누는 일 2. ① 하나님의 선한 뜻을 따라 살려면 ② 일하는 의미, 소외되지 않고 하나가 됨, 내 이웃을 사랑해야 한다는 ③ (기도하지 않는 사람에게는 기도하는 습관을 권유하고, 기도하는 사람의 경험을 경청하게 한다.) 3. ① 어디서나 짧게 기도하라 ② 중요한 일을 앞두고 기도하라 ③ 위기 상황에서는 함께 중보기도하라 ④ 일터에서 만날 사람들을 위해 기도하라 4. ① 타자 ② 하나님 ③ 죄, 용서 ④ 진리, 불의, 능력 ⑤ (각자 한 두 가지씩의 가장 급한 기도제목을 나눈다.)

04 Share (다니엘의 일터 기도): 1) 위기 상황 ☞ 동료들의 질투를 받아 죽을 위기에 치함. 2) 기도 습관 ☞ 하루에 세 번씩 예루살렘을 향해 기도함 (다니엘은 질투하는 사람들의 시선을 알고도 예루살렘을 향해 창문을 열고 기도함, 이는 의도적으로 자신의 기도를 보여주고 지속하는 믿음과 용기를 보여줌). 3) 기도 내용 ☞ (창조주이시며

구원자이신) 하나님께 감사함. 4) 기도 결과 ☞ 사자 굴에서 살아남으로써 다리오 왕이 하나님을 찬양하게 함.

05 Practice (어떻게 기도할까): 네 가지의 질문에 답을 적으면서 마지막으로 서로의 기도제목을 나누면서 함께 기도하고 마무리하기 바랍니다.

제5장 안식하라

주제

일의 소명을 잊지 않으려면 우리는 주기적으로 일을 떠나 안식을 누려야 한다. 그리스도인들은 안식하면서 하나님을 예배하고 하나님의 말씀을 들으며 일이 하나님의 소명임을 기억한다.

01 Name (쉬어갑시다): 두 가지의 질문을 순차적으로 던지고 답변하면서 나 홀로 쉬는 것과 공동체(가족, 친구, 교회 등)와 함께 쉬는 것의 차이를 분별합니다.

02 Dream (멋진 쉼): 두 종류의 쉼이 가지고 있는 가치와 일에 미치는 영향이 서로 다르다는 것을 함께 대화하면서 확인합니다.

03 Vision (안식하며 일하기): 1. ① 의무, 중단하라, 중단하라 ② 노동, 안식, 노동, 안식 ③ 묵상, 기도, 함께 ④ 안식은 하던 일을 중단하고 하나님을 예배하며 하나님과 함께 기쁨을 누리는 것이다. 2. ① 하나님을 예배하는 것이다. ② 하나님 예배를 가로막고 우상을 숭배하는 노동을 하게 된다. (하나님의 소명을 잊어버리면 노동하는 목적이 돈이나 자신의 성취 등이 된다. 안식은 주기적으로 일을 중단하고 하나님께 돌아가 노동의 목적이 하나님 예배임을 생각하게 해준다.) ③ 주기적으로, 하나 3. ① 일상, 일상 ② 퇴근 후 안식을 누려라 ③ 묵상하며 잠깐의 안식을 누려라 ④ 서로 안식을 선물하라 ⑤ 여행을 떠나라

04 Share (출애굽 이스라엘의 안식): 1) 언제 노동을 중단하는가? ☞ 일곱째 날마다. 2) 어떻게 하나님을 예배하는가? ☞ 일곱째 날에 만나를 수거하지 않고 장막에 머뭄. 3) 어떻게 공동체와 안식일(주일)을 지키는가? ☞ 함께 성막 혹은 성전에 나와 예배를 드림. 4) 안식 후 노동은 어떻게 달라지는가? ☞ 노동의 목적이 하나님의 소명이라

는 사실을 항상 기억하고 노동하는 과정에서 사랑을 실천함으로써 하나님께 순종하려는 등 영향을 미치게 됨.

05 Practice (안식의 실천): 위에서 해온 논의를 바탕으로 네 가지 안식의 포인트를 한 문장으로 정리하여 안식 선언문을 작성하고 돌아가면서 나누고 마무리하시기 바랍니다.

제6장 인내하라

주제
그리스도인은 일터에서 우리의 소명을 어렵게 하는 위기 상황들을 맞이할 때 종말론적 소망을 가지고 장기적인 안목으로 궁극적으로 이웃을 사랑하는 길을 찾아 타협하고 인내하며 일한다.

01 Name (떠나고 싶은 현실): 두 가지 질문을 순차적으로 던지고 답하면서 일터에서 회사를 떠나고 싶을 정도로 갈등과 위기를 겪을 때 어떤 선택을 할 수 있는지 차이점을 분별합니다.

02 Dream (하나님의 뜻): 일터에서 위기를 겪을 때 소명으로 일하는 사람이 장기적인 관점으로 선택했을 경우 얻게 될 유익함을 생각해봅니다.

03 Vision (소명과 인내): 1. ① 새로운 방향, 격려하는 과정 ② 제자, 도움, 말씀 2. ① 선한 삶, 선한 삶 ② 탄식, 변화 3. ① 뱀, 비둘기 ② 차선 또는 차악, 보존 ③ 이웃 사랑 4. ① 종말의 관점으로 일하라 ② 미완성을 받아들이라 ③ 본질적인 것과 비본질적인 것을 구분하라 (참가자들에게 본질적인 것이 무엇이고 각자의 일터에서 경험하는 비본질적인 것들이 무엇인지를 질문하고 답변하게 한다.) ④ 쉽게 떠나지 말라 ⑤ 떠나야 할 직장은 빨리 떠나라 ⑥ 퇴사 뒤에도 계속 기도하고 축복하라 (참가자들에게 이런 경험이 있는지 질문하고 이야기를 나눈다.)

04 Share (야곱의 인내하는 삶): 1) 야곱의 힘든 상황 ☞ 도망자 신분으로 약점이 잡혀 외삼촌 라반에게 지속적으로 속임을 당함. 2) 어떻게 대처했나? ☞ 벧엘에서 만난 하

나님의 (금의환향) 약속을 기억하며 무려 20년 동안 라반의 집에서 인내하며 일했음. 3) 인내할 수 있었던 힘 ☞ 가족, 하나님의 약속, 하나님이 함께 하심. 4) 인내한 결과 ☞ 하나님의 약속이 성취됨.

05 **Practice (어떻게 인내할까)**: 첫 번째는 일터에서 어려움을 이겨내야 하는 이유를 분명하게 생각하고 그것이 하나님의 소명임을 명시합니다. 두 번째는 종말론적 소망으로 일하는 방법을 근거로 각자의 일터 상황에 맞게 위기 상황에서 어떻게 소명을 성취할 수 있을지 구체적인 지침을 세워봅니다.

제7장 파송

01 **변화된 일과 일터:** 지금까지 함께 공부하면서 자신의 일과 일터를 돌아보며 새로워진 것들이나 앞으로 변화를 기대하는 것들을 함께 나눠봅니다. 실제로 일어났던 변화가 있으면 간증 형식으로 돌아가면서 나눠보기 바랍니다. 변화가 없었거나 변화의 기대가 없는 사람이 있다면, 인도자는 정중하게 그 이유를 물어보고 변화를 소망하도록 격려해주기 바랍니다.

02 **일과 신앙 그리고 교회:** 1. 여러 가지 다양한 문장을 쓸 수 있습니다. 그러나 이웃 사랑, 하나님의 소명이라는 표현은 반드시 포함되어야 합니다. 2. ① 들으라 ☞ 하나님의 말씀으로 주신 소명. ② 사랑하라 ☞ 우리가 일하는 궁극적인 목적. ③ 기도하라 ☞ 소명으로 일하기 위해 필요한 영적 훈련. ④ 안식하라 ☞ 지속적으로 소명으로 일하기 위해 일을 주기적으로 중단하고 하나님을 예배하는 것. ⑤ 인내하라 ☞ 일의 소명을 성취하기 위해 종말론적 소망으로 장기적 안목으로 현실적인 문제들을 해결하는 자세. 3. 파송

03 **축복과 나눔 그리고 파송:** 1. 예수님이 칠십 명의 제자들을 둘씩 짝지어 복음을 전하러 파송하는 말씀을 읽고 서로의 일터에 대한 선교적 소명을 격려하고 축복합니다. 2. ①~④를 은혜로운 분위기 속에서 진행합니다. 3. 다 함께 기도하기

04 **교제하며 다음 단계를 기획하기:** 그동안 배운 것들에 대한 소감과 다짐 등을 서로 나누고 축복하고 기도하며 마무리합니다. 지속적으로 모임을 갖기 원하는 사람들은 관

련 서적을 함께 읽거나 교제하고 기도하는 모임을 만드는 등 후속 과제를 구체적으로 기획해보기 바랍니다.

MEMO

MEMO